Para

com votos de paz.

DIVALDO FRANCO
PELO ESPÍRITO JOANNA DE ÂNGELIS

O HOMEM INTEGRAL

SÉRIE PSICOLÓGICA JOANNA DE ÂNGELIS
VOL. 2

Salvador
23. ed. – 2023

COPYRIGHT © (1990)
CENTRO ESPÍRITA CAMINHO DA REDENÇÃO
Rua Jayme Vieira Lima, 104
Pau da Lima, Salvador, BA.
CEP 412350-000
SITE: https://mansaodocaminho.com.br
EDIÇÃO: 23. ed. (12ª reimpressão) – 2023
TIRAGEM: 3.000 exemplares (milheiro: 134.500)
COORDENAÇÃO EDITORIAL
Lívia Maria C. Sousa

REVISÃO
Christiane Lourenço • Lívia Maria C. Sousa
CAPA
Cláudio Urpia
MONTAGEM DE CAPA
Ailton Bosco
EDITORAÇÃO ELETRÔNICA
Lívia Maria C. Sousa
COEDIÇÃO E PUBLICAÇÃO
Instituto Beneficente Boa Nova

PRODUÇÃO GRÁFICA
LIVRARIA ESPÍRITA ALVORADA EDITORA – LEAL
E-mail: editora.leal@cecr.com.br

DISTRIBUIÇÃO
INSTITUTO BENEFICENTE BOA NOVA
Av. Porto Ferreira, 1031, Parque Iracema. CEP 15809-020
Catanduva-SP.
Contatos: (17) 3531-4444 | (17) 99777-7413 (WhatsApp)
E-mail: boanova@boanova.net
Vendas on-line: https://www.livrarialeal.com.br

Dados Internacionais de Catalogação na Publicação (CIP)
(Catalogação na fonte)
BIBLIOTECA JOANNA DE ÂNGELIS

F825   FRANCO, Divaldo Pereira. (1927)

      O Homem Integral. 23. ed. / Pelo Espírito Joanna de Ângelis [psicografado por] Divaldo Pereira Franco. Salvador: LEAL, 2023 (Série Psicológica, volume 2).
      172 p.
      ISBN: 978-85-61879-16-7

      1. Espiritismo 2. Psicografia 3. Psicologia
      I. Franco, Divaldo II. Título

CDD: 133.93

Bibliotecária responsável: Maria Suely de Castro Martins – CRB-5/509

DIREITOS RESERVADOS: todos os direitos de reprodução, cópia, comunicação ao público e exploração econômica desta obra estão reservados, única e exclusivamente, para o Centro Espírita Caminho da Redenção. Proibida a sua reprodução parcial ou total, por qualquer meio, sem expressa autorização, nos termos da Lei 9.610/98.
Impresso no Brasil | Presita en Brazilo

SÚMULA

O Homem Integral   7
1. FATORES DE PERTURBAÇÃO   11
   A rotina   14
   A ansiedade   18
   Medo   22
   Solidão   26
   Liberdade   30

2. ESTRANHOS RUMOS, SEGUROS ROTEIROS   35
   Homens-aparência   35
   Fobia social   39
   Ódio e suicídio   42
   Mitos   47

3. A BUSCA DA REALIDADE   53
   Autodescobrimento   53
   Consciência ética   59
   Religião e religiosidade   64

4. O HOMEM EM BUSCA DO ÊXITO   69
   Insegurança e crises   69
   Conflitos degenerativos da sociedade   75
   O primeiro lugar e o homem indispensável   79

5. DOENÇAS CONTEMPORÂNEAS   85
   O conceito de saúde   85

Os comportamentos neuróticos	87
Doenças físicas e mentais	91
A tragédia do cotidiano	93
O homem moderno	96

6. Maturidade Psicológica   101
   Mecanismos de evasão   101
   O problema do espaço   106
   A reconquista da identidade   109
   Ter e ser   112
   Observador, observação e observado   116
   O devir psicológico   117

7. Plenificação interior   123
   Problemas sexuais   123
   Relacionamentos perturbadores   128
   Manutenção de propósitos   131
   Leis cármicas e felicidade   134

8. O homem perante a consciência   139
   Nascimento da consciência   139
   Os sofrimentos humanos   142
   Recursos para a liberação dos sofrimentos   146
   Meditação e ação   150

9. O futuro do homem   155
   A morte e seu problema   155
   A controvertida comunicação dos Espíritos   159
   O modelo organizador biológico   163
   A reencarnação   166

O Homem Integral

As enciclopédias definem o *homem* como um "animal racional, moral e social, mamífero, bípede, bímano, capaz de linguagem articulada, que ocupa o primeiro lugar na escala zoológica; ser humano...".

O momento mais eloquente do seu processo evolutivo deu-se quando adquiriu a consciência para discernir o bem do mal, a verdade da impostura, o certo do errado, prosseguindo na marcha ascensional que o conduzirá às culminâncias da angelitude.

Estudado largamente através dos séculos, Protágoras afirmava que ele (o homem) *é a medida de todas as coisas*, enquanto Sócrates elucidava ser o *objeto mais direto da preocupação filosófica*.

Durante o estoicismo e o neoplatonismo houve uma preocupação para que ocorresse a "dissolução do *homem* em a Natureza", mesmo aí revelando a grande preocupação de *ambas* as escolas com este ser admirável.

Na conceituação cristã ele "transcende o mundo", em uma dimensão totalmente diferente desta.

Já o racionalismo o considera, desde Descartes, como o "ser pensante por excelência, como a razão que compreende e explica o mundo e a si mesma".

No espiritualismo idealista o "espírito tem a primazia em tudo que se relaciona com o mundo e a vida humana", enquanto que para o materialismo o "espírito não é mais que uma forma de atividade da matéria que, em determinada fase de sua evolução, de formas simples para outras mais complexas, adquiriu consciência...".

Mivart, o célebre naturalista inglês, analisando, psicologicamente, o *homem*, esclarece que ele "difere dos outros animais pelas características da abstração, da percepção intelectual, da consciência de si mesmo, da reflexão, da memória racional, do julgamento, da síntese e indução intelectual, do raciocínio, da intuição intelectual, das emoções e sentimentos superiores, da linguagem racional, do verdadeiro poder de vontade".

Sócrates e Platão estabeleceram que o homem era o resultado do *ser* ou Espírito imortal e do *não ser* ou sua matéria que, unidos, lhe facultavam o processo de evolução.

Os filósofos atomistas reduziam-no ao capricho das partículas que, em se desarticulando, aniquilavam-se através do fenômeno biológico da morte.

Jesus, superando todos os limites do conhecimento, fez-se o biótipo do Homem Integral, por haver desenvolvido todas as aptidões herdadas de Deus, na condição de *Ser mais perfeito* de que se tem notícia.

Toda a Sua vida é modelar, tornando-se o exemplo a ser seguido, para o logro da plenitude, de quem deseja libertação real.

A Filosofia, mediante as suas diversas escolas, tem procurado oferecer ao homem caminhos que o felicitem em contínuas tentativas de interpretar a vida e entendê-lo.

O Homem Integral

A Psicologia, que inicialmente se confundia com a estrutura filosófica, de passo a passo libertou-se de seu jugo e, buscando estudar a psique, alcançou, na atualidade, expressão de relevo para a compreensão do homem, dos seus problemas e seus desafios psicológicos.

A multiplicidade de tendências ora vigentes, nessa área, comprova o interesse dos estudiosos desta e de outras disciplinas do conhecimento, buscando a libertação do indivíduo em relação aos desafios e dificuldades que o afligem.

Algo recentemente (1966) surgiu, nos Estados Unidos, a *quarta força* em Psicologia, que é a Transpessoal, ampliando o campo de investigação além do Behaviorismo, da Psicanálise e da Psicologia Humanista, fornecendo mais amplos esclarecimentos sobre o homem integral...

Os seus pioneiros vieram dos quadros da Psicologia Humanista, facultando a introdução de alguns ensinamentos e experiências orientais, graças aos quais abrem espaços para uma visão espiritualista do ser humano em maior profundidade.

O Espiritismo, por sua vez, sintetizando diversas correntes de pensamento psicológico e estudando o homem na sua condição de Espírito eterno, apresenta a proposta de um comportamento filosófico idealista, imortalista, auxiliando-o na equação dos seus problemas, sem violência e com base na reencarnação, apontando-lhe os rumos felizes que deve seguir.

Na presente obra fazemos um estudo de diversos fatores de perturbação psicológica, procurando oferecer terapias de fácil aplicação, fundamentadas na análise do homem à luz do Evangelho e do Espiritismo, de forma a auxiliá-lo no equilíbrio e no amadurecimento emocional, tendo sempre como Ser ideal Jesus, o Homem Integral de todos os tempos.

Embora reconheçamos singela a nossa contribuição, esperamos de alguma forma auxiliar aqueles que nos leiam com real desejo de renovação e de aquisição de saúde psicológica, consciente de havermos feito o máximo ao nosso alcance neste grave momento da humanidade.

Salvador, 20 de fevereiro de 1990.

JOANNA DE ÂNGELIS

1
Fatores de Perturbação

A ROTINA • A ANSIEDADE • MEDO • SOLIDÃO • LIBERDADE.

A segunda metade do século XIX transcorre numa Eurásia sacudida pelas contínuas calamidades guerreiras, que se sucedem, truanescas, dizimando vidas e povos.

As admiráveis conquistas da Ciência que se apoia na Tecnologia não logram harmonizar o homem belicoso e insatisfeito, que se deixa dominar pela vaga do materialismo-utilitarista, que o transforma num amontoado orgânico que pensa, a caminho de aniquilamento no túmulo.

Possuir, dominar e gozar, por um momento, são a meta a que se atira, desarvorado.

Mal se encerra a guerra da Crimeia, em 1856, e já se inquietam os exércitos para a hecatombe franco-prussiana, cujos efeitos estouram em 1914, envolvendo o imenso continente na loucura selvagem que ameaça de consumpção a tudo e a todos.

O Armistício, assinado em nome da paz, fomentou o explodir da Segunda Guerra Mundial, que sacudiu o orbe em seus quadrantes.

Somando-se efeitos a novas causas, surge a *Guerra Fria*, que se expande pelo sudeste asiático em contínuos conflitos lamentáveis, em nome de ideologias alienígenas, disfarçadas de interesses nacionais, nos quais os armamentos superados são utilizados, abrindo espaços nos depósitos para outros mais sofisticados e destrutivos...

Abrem-se chagas purulentas que aturdem o pensamento, dores inomináveis rasgam os sentimentos, asselvajando os indivíduos.

O medo e o cinismo dão-se as mãos em conciliábulo irreconciliável.

A Guerra dos Seis Dias, entre árabes e judeus, abre sulcos profundos na economia mundial, erguendo o *deus petróleo* a uma condição jamais esperada.

Os holocaustos sucedem-se.

Os crimes hediondos em nome da liberdade se acumulam e os tribunais de justiça os apoiam.

O homem é reduzido à ínfima condição no "apartheid", nas lutas de classes, na ingestão e uso de alcoólicos e drogas alucinógenas, como abismo de fuga para a loucura e o suicídio.

Movimentos filosóficos absurdos arregimentam as mentes jovens e desiludidas, em nome do *Nadaísmo*, do *Existencialismo*, do *Hippieísmo* e de comportamentos extravagantes mais recentes, mais agressivos, mais primários, mais violentos.

O homem moderno estertora, enquanto viaja em naves superconfortáveis, fora da atmosfera e dentro dela, vencendo as distâncias, interpretando os desafios e enigmas cósmicos.

A sonda investigadora penetra o âmago da vida microscópica e abre todo um universo para informações e esclarecimentos salvadores.

Há esperança para terríveis enfermidades que destruíram gerações, enquanto surgem novas doenças totalmente perturbadoras.

A perplexidade domina as paisagens humanas.

A gritante miséria econômica e o agressivo abandono social fazem das cidades hodiernas o palco para o crime, no qual a criatura vale o que conduz, perdendo os bens materiais e a vida em circunstâncias inimagináveis.

Há uma psicosfera de temor asfixiante, enquanto emerge do imo do homem a indiferença pela ordem, pelos valores éticos, pela existência corporal.

Desumaniza-se o indivíduo, entregando-se ao pavor, ou gerando-o, ou indiferente a ele.

Os distúrbios de comportamento aumentam, e o despautério desgoverna.

Uma imediata, urgente reação emocional, cultural, religiosa, psicológica, surge, e o homem voltará a identificar-se consigo mesmo.

A sua identidade cósmica é o primeiro passo a dar, abrindo-se ao amor, que gera confiança, que arranca da negação e o irisa de luz, de beleza, de esperança.

A grande noite que constringe é, também, o início da alvorada que surge.

Neste homem atribulado dos nossos dias, a Divindade deposita a confiança em favor de uma renovação para um mundo melhor e uma sociedade mais feliz.

Buscar os valores que lhe dormem soterrados no íntimo é a razão de sua existência corporal, no momento.

Encontrar-se com a vida, enfrentá-la e triunfar, eis o seu fanal.

A ROTINA

A natural transformação social, decorrente dos efeitos da Ciência aliada à Tecnologia a partir do século XIX, impôs que o individualismo competitivo pós-renascentista cedesse lugar ao coletivismo industrial e comunitário da atualidade.

A cisão decorrente do pensamento cartesiano, na dicotomia do *corpo* e da *alma*, ensejou uma radical mudança nos hábitos da sociedade, dando surgimento a uma série de conflitos que irrompem na personalidade humana e conduzem a alienações perturbadoras.

Antes, os tabus e as superstições geravam comportamentos extravagantes, e a falsa moral mascarava os erros que se tornavam fatores de desagregação da personalidade, a serviço da hipocrisia refinada.

A mudança de hábitos, no entanto, se liberou o homem de algumas fobias e mecanismos de evasão perniciosos, impôs outros padrões comportamentais de massificação, nos quais surgem novos ídolos e mitos devoradores, que respondem por equivalentes fenômenos de desequilíbrio.

Houve troca de conduta, mas não de renovação saudável na forma de encarar-se a vida e de vivê-la.

De um lado, a Ciência em constante progresso, não se fazendo acompanhar por um correspondente desenvolvimento ético-espiritual, candidata-se a conduzir o homem ao *niilismo*, ao conceito de aniquilamento.

O Homem Integral

Noutro sentido, o contubérnio subjacente, apresenta um elenco exasperador de áreas conflitantes nas guerras e ameaças de guerras que se sucedem, nas variações da economia, nos volumosos bolsões de miséria de vária ordem, empurrando o homem para a ansiedade, a insegurança, a suspeição contumaz, a violência.

A fim de fugir à luta desigual – o homem contra a máquina –, os mecanismos responsáveis pela segurança emocional levam o indivíduo, que não se encoraja ao competitivismo doentio, à acomodação, igualmente enferma, como forma de sobrevivência no báratro em que se encontra, receando ser vencido, esmagado ou consumido pela massa crescente ou pelo desespero avassalador.

Estabelece algumas poucas metas, que conquista com relativa facilidade, passando a uma existência rotineira e neurotizante, que culmina por matar-lhe o entusiasmo de viver, os estímulos para enfrentar desafios novos.

Rotina é como ferrugem na engrenagem de preciosa maquinaria, que a corrói e arrebenta.

Disfarçada como segurança, emperra o carro do progresso social e automatiza a mente, que cede o campo do raciocínio ao *mesmismo* cansador, deprimente.

O homem repete a ação de ontem com igual intensidade hoje; trabalha no mesmo labor e recompõe idênticos passos; mantém as mesmas desinteressantes conversações; retorna ao lar ou busca os repetidos espairecimentos: bar, clube, televisão, jornal, sexo, com frenético receio da solidão até alcançar a aposentadoria... Nesse ínterim, realiza férias programadas, visita lugares que o desagradam, porém reúne-se a outros grupos igualmente tediosos e, quando chega ao denominado período do gozo-repouso, deixa-se arrastar pela inutilidade agradável, vitimado por problemas cardíacos, que resultam das pressões largamente sustentadas ou por neuroses que a monotonia engendra.

O homem é um mamífero biossocial, *construído* para experiências e iniciativas constantes, renovadoras.

A sua vida é resultado de bilhões de anos de transformações celulares, sob o comando do Espírito, que elaborou equipamentos orgânicos e psíquicos para as respostas evolutivas que a futura perfeição lhe exige.

O trabalho constitui-lhe estímulo aos valores que lhe dormem latentes, aguardando despertamento, ampliação, desdobramento.

Deixando que esse potencial permaneça inativo por indolência ou rotina, a frustração emocional entorpece os sentimentos do ser ou leva-o à violência, ao crime, como processo de libertação da masmorra que ele mesmo construiu, nela encarcerando-se.

Subitamente, qual correnteza contida que arrebenta a barragem, rompe os limites do habitual e dá vazão aos conflitos, *aos instintos agressivos*, tombando em processos alucinados de desequilíbrios e choque.

Nesse sentido, os suportes morais e espirituais contribuem para a mudança da rotina, abrindo espaços mentais e emocionais para o idealismo do amor ao próximo, da solidariedade, dos serviços de enobrecimento humano.

O homem se deve renovar incessantemente, alterando para melhor os hábitos e atividades, motivando-se para o aprimoramento íntimo, com consequente movimentação das forças que fomentam o progresso pessoal e comunitário, a benefício da sociedade em geral.

Em face desse esforço e empenho, o homem interior sobrepõe-se ao exterior, social, trabalhado pelos atavismos das repressões e castrações, propondo conceitos mais dignos de convivência humana, em consonância com as ambições espirituais que lhe passam a comandar as disposições íntimas.

O excesso de tecnologia, que aparentemente resolveria os problemas humanos, engendrou novos dramas e conflitos comportamentais, na rotina degradante, que necessitam ser reexaminados para posterior correção.

O individualismo, que deu ênfase ao enganoso conceito do *homem de ferro* e da *mulher boneca, objeto de luxo* e de inutilidade, cedeu lugar ao coletivismo consumista, sem identidade, em que os valores obedecem a novos padrões de crítica e de aceitação para os triunfos imediatos sob os altos preços da destruição do indivíduo como pessoa racional e livre.

A liberdade custa um alto preço e deve ser conquistada na grande luta que se trava no cotidiano.

Liberdade de ser e atuar, de ter respeitados os seus valores e opções de discernir e aplicar, considerando, naturalmente, os códigos éticos e sociais, sem a submissão acomodada e indiferente aos padrões de conveniência dos grupos dominantes.

A escala de interesses, apequenando o homem, brinda-o com prêmios que foram estabelecidos pelo sistema desumano, sem participação do indivíduo como célula viva e pensante do conjunto geral.

Como profilaxia e terapêutica eficaz, existem os desafios propostos por Jesus, que são de grande utilidade, induzindo a criatura a dar passos mais largos e audaciosos do que aqueles que levam na direção dos breves objetivos da existência apenas material.

A desenvoltura das propostas evangélicas facilita a ruptura da rotina, dando saudável dinâmica para uma vida integral em favor do homem-espírito eterno e não apenas da máquina humana pensante a caminho do túmulo, da dissolução, do esquecimento.

A ANSIEDADE

Não se deixando vitimar pela rotina, o homem tende, às vezes, a assumir um comportamento ansioso que o desgasta, dando origem a processos enfermiços que o consomem.

A ansiedade é uma das características mais habituais da conduta contemporânea.

Impulsionado ao competitivismo da sobrevivência e esmagado pelos fatores constringentes de uma sociedade eticamente egoísta, predomina a insegurança no mundo emocional das criaturas.

As constantes alterações da Bolsa de Valores, a compressão dos gastos, a correria pela aquisição de recursos e a disputa de cargos e funções bem remunerados geram, de um lado, a insegurança individual e coletiva. Por outro, as ameaças de guerras constantes, a prepotência de governos inescrupulosos e chefes de atividades arbitrários quão ditadores; os anúncios e estardalhaços sobre enfermidades devastadoras; os comunicados sobre os danos perpetrados contra a ecologia, prenunciando tragédias iminentes; a catalogação de crimes e violências aterradoras respondem pela inquietação e pelo medo que grassam em todos os meios sociais, como constante ameaça contra o ser e o seu grupo, levando-os a permanente ansiedade que deflui das incertezas da vida.

O Homem Integral

Passando de uma aparente segurança, que era concedida pelos padrões individualistas do século XIX, no apogeu da industrialização, para o período eletrônico, a robotização ameaça milhões de empregados, que temem a perda de suas atividades remuneradas, ao tempo em que o coletivismo, igualando os homens nas aparências sociais, nos costumes e nos hábitos, alija os estímulos de luta, neles instalando a incerteza, a necessidade de encontrar-se sempre na expectativa de notícias funestas, desagradáveis, perturbadoras.

Esvaziados de idealismo e comprimidos no sistema em que todos fazem a mesma coisa, assumem iguais composturas, passando de uma para outra pauta de compromisso com ansiedade crescente.

A preocupação de parecer triunfador, de responder de forma semelhante aos demais, de ser bem recebido e considerado, é responsável pela desumanização do indivíduo, que se torna um elemento complementar no grupamento social, sem identidade, nem individualidade.

Tendo como modelo personalidades extravagantes, que ditam modas e comportamentos exóticos, ou liderado por ídolos da violência, como da astúcia dourada, o descobrimento dos limites pessoais gera inquietação e conflitos que mal disfarçam a contínua ansiedade humana.

A ansiedade tem manifestações e limites naturais, perfeitamente aceitáveis.

Quando se aguarda uma notícia, uma presença, uma resposta, uma conclusão, é perfeitamente compreensível uma atitude de equilibrada expectativa.

Ao extrapolar para os distúrbios respiratórios, o colapso periférico, a sudorese, a perturbação gástrica, a insônia, o clima de ansiedade torna-se um estado patológico a caminho da somatização física, em graves danos para a vida.

O grande desafio contemporâneo para o homem é o seu autodescobrimento.

Não apenas identificação das suas necessidades, mas, principalmente, da sua realidade emocional, das suas aspirações legítimas e reações diante das ocorrências do cotidiano.

Mediante o aprofundamento das descobertas íntimas, altera-se a escala de valores e surgem novos significados para a sua luta, que contribuem para a tranquilidade e a autoconfiança.

Não há, em realidade, segurança enquanto se transita no corpo físico.

A organização mais saudável durante um período debilita-se em outro, assim como os melhores equipamentos orgânicos e psíquicos sofrem natural desgaste e consumpção, dando lugar às enfermidades e à morte, que também é fenômeno da vida.

A ansiedade trabalha contra a estabilidade do corpo e da emoção.

A análise cuidadosa da existência planetária e das suas finalidades proporciona a vivência salutar da oportunidade orgânica, sem o apego mórbido ao corpo nem o medo de perdê-lo.

Os ideais espiritualistas, o conhecimento da sobrevivência à morte física tranquilizam o homem, fazendo que considere a transitoriedade do corpo e a perenidade da vida, da qual ninguém se eximirá.

Apegado aos conflitos da competição humana ou deixando-se vencer pela acomodação, o homem desvia-se da finalidade essencial da existência terrena, que se resume na aplicação do tempo para a aquisição dos recursos eternos, propiciadores da beleza, da paz, da perfeição.

O pandemônio gerado pelo excesso de tecnologia e de conforto material nas chamadas classes superiores, com absoluta indiferença pela humanidade dos guetos e favelas, em promiscuidade assustadora, revela a falência da cultura e da ética estribadas no imediatismo materialista, com o seu arrogante desprezo pelo espiritualismo.

Certamente, ao fanatismo e proibição espiritualista de caráter medieval, que ocultavam as feridas morais dos homens, sob o disfarce da hipocrisia, o surgimento avassalador da onda de cinismo materialista seria inevitável. No entanto, o abuso da falsa cultura desnaturada, que pretendeu solucionar os problemas humanos de profundidade como reparava os desajustes das engrenagens das máquinas que construiu, resultou na correria alucinada para lugar nenhum e pela conquista de coisas mortas, incapazes de minimizar a saudade, de preencher a solidão, de acalmar a ansiedade, de evitar a dor, a doença e a morte...

Magnatas, embora triunfantes, proíbem que se pronuncie o nome da morte diante deles.

Capitães de monopólios recusam-se a sair à rua, para evitarem contágio de enfermidades, e alguns impõem, para viver, ambientes assepsiados, tentando driblar o processo de degeneração celular.

Ases da beleza cercam-se de jovens, receando a velhice, e utilizam-se de estimulantes para preservarem o corpo, aplicando-se massagens, exercícios, cirurgias plásticas, musculação e, não obstante, acompanham a degeneração física e mental, ansiosos, desventurados.

Propalando-se que as conquistas morais fazem parte das instituições vencidas – matrimônio, família, lar – os apaniguados da loucura creem que aplicam, na velha doença das proibições passadas, uma terapêutica ideal. E olvidam-se que o exagero de medicamento utilizado em uma doença gera danos maiores do que aqueles que eram sofridos.

A sociedade atual sofre a terapia desordenada que usou na enfermidade antiga do homem, que ora se revela mais debilitado do que antes.

São válidas para este momento de ansiedade, de insatisfação, de tormento, as lições do Cristo sobre o amor ao próximo, a solidariedade fraternal, a compaixão, ao lado da oração, geradora de energias otimistas e da fé, propiciadora de equilíbrio e paz, para uma vida realmente feliz, que baste ao homem conforme se apresente, sem as disputas conflitantes do passado, nem a acomodação coletivista do presente.

Medo

Decorrente dos referidos fatores sociológicos, das pressões psicológicas, dos impositivos econômicos, o medo assalta o homem, empurrando-o para a violência irracional ou amargurando-o em profundos abismos de depressão.

Num contexto social injusto, a insegurança engendra muitos mecanismos de evasão da realidade, que dilaceram o comportamento humano, anulando, por fim, as aspirações de beleza, de idealismo, de afetividade da criatura.

Encarcerando-se, cada vez mais, nos *receios justificáveis* do relacionamento instável com as demais pessoas, surgem as *ilhas* individuais e grupais para onde fogem os indivíduos, na expectativa de equilibrarem-se, sobrevivendo ao tumulto e à agressividade, assumindo, sem se darem conta, um comportamento alienado, que termina por apresentar-se igualmente patológico.

As precauções para resguardar-se, poupar a família aos dissabores dos delinquentes, mantendo os haveres em lugares quase inexpugnáveis, fazem o homem emparedar-se no lar ou aglomerar-se em clubes com pessoal selecionado, perdendo a identidade em relação a si mesmo, ao seu próximo e consumindo-se em conflitos individualistas, a caminho dos desequilíbrios de grave porte.

Os valores da nossa sociedade encontram-se em xeque, porque são transitórios.

Há uma momentânea alteração de conteúdo, com a consequente perda de significado.

A nova geração perdeu a confiança nas afirmações do passado e deseja viver novas experiências ao preço da alucinação, como forma escapista de superar as pressões que sofre, impondo diferentes experiências.

No âmago das suas violações e protestos, do vilipêndio aos conceitos anteriores vige o medo que atormenta e submete às suas sombras espessas.

A quantidade expressiva de atemorizados trabalha a qualidade do receio de cada um, que cresce assustadoramente, comprimindo a personalidade até que esta se libere em desregramento agressivo, como forma de escapar à constrição.

Quem, porém, não consiga seguir a correnteza da *nova ordem*, fica afogado no rio volumoso, perde o respeito por si mesmo, aliena-se e sucumbe.

Na luta furiosa, as festas ruidosas, as extravagâncias de conduta, os desperdícios de moedas e o exibicionismo com que algumas pessoas pensam vencer os medos íntimos, apenas se transformam em lâminas baças de vidro pelas quais observam a vida sempre distorcida, em face da óptica incorreta que se permitem. São atitudes patológicas decorrentes da fragilidade emocional para enfrentar os desafios externos e internos.

A consumpção da sociedade moderna é a história da desídia do homem em si mesmo, enlanguescido pelos excessos ou esfogueado pelos desejos absurdos.

Adaptando-se às sombras dominadoras da insensatez, negligencia o sentido ético gerador da paz.

A anarquia então impera, numa volúpia destrutiva, tentando apagar as memórias do ontem, enquanto implanta a tirania do desconcerto.

Os seus vultos expressivos são imaturos e alucinados, em cuja rebelião pairam o oportunismo e a avidez.

Procedentes dos guetos morais, querem reverter a ordem que os apavora, revolucionando com atrevimento, em face do insólito, o comportamento vigente.

Os antigos ídolos, que condenaram a década de 20/30 como a da "geração perdida", produziram a atual "era da insegurança", na qual malograram as profecias exageradamente otimistas dos apaniguados do prazer em exaustão, fabricando os super-homens da mídia que, em análise última, são mais frágeis do que os seus adoradores, pois que não passam de heróis da frustração.

Guindados às posições de liderança, descambaram, esses novos condutores, em lamentáveis desditas, consumidos pelas drogas, vencidos pelas enfermidades ainda não controladas, pelos suicídios discretos ou espetaculares.

A alucinação generalizada certamente aumenta o medo nos temperamentos frágeis, nas constituições emocionais de pouca resistência; de começo, no indivíduo; depois, na sociedade.

Esta é uma sociedade amedrontada.

As gerações anteriores também cultivaram os seus medos de origem atávica e de receios ocasionais.

O excesso de tecnicismo com a correspondente ausência de solidariedade humana produziram a avalanche dos receios.

A superpopulação, tomando os espaços, e a tecnologia, reduzindo as distâncias, arrebataram a fictícia segurança individual, que os grupos passaram a controlar, e as consequências da insânia que cresce são imprevistas.

Urge uma revisão de conceitos, uma mudança de conduta, um reestudo da coragem para a imediata aplicação no organismo social e individual necrosado.

Todavia, é no cerne do ser – o Espírito – que se encontram as causas matrizes desse inimigo rude da vida, que é o medo.

Os fenômenos fóbicos procedem das experiências passadas – reencarnações fracassadas –, nas quais a culpa não foi liberada, em face do crime haver permanecido oculto, ou dissimulado, ou não justiçado, transferindo-se a consciência faltosa para posterior regularização.

Ocorrências de grande impacto negativo, pavores, urdiduras perversas, homicídios programados com requintes de crueldade, traições infames sob disfarces de sorrisos produziram a atual *consciência de culpa*, de que padecem muitos atemorizados de hoje, no inter-relacionamento pessoal.

Outrossim, cataléticos sepultados vivos, que despertaram na tumba e vieram a falecer depois, por falta de oxigênio, reencarnam-se vitimados pelas profundas claustrofobias, vivendo em precárias condições de sanidade mental.

O medo é fator dissolvente na organização psíquica do homem, predispondo-o, por somatização, a enfermidades diversas que aguardam correta diagnose e específica terapêutica.

À medida que a consciência se expande, e o indivíduo se abriga na fé religiosa racional, na certeza da sua imortalidade, ele se liberta, se agiganta, recupera a identidade e humaniza-se definitivamente, vencendo o medo e os seus sequazes, sejam de ontem ou de agora.

Solidão

Espectro cruel que se origina nas paisagens do medo, a solidão é, na atualidade, um dos mais graves problemas que desafiam a cultura e o homem.

A necessidade de relacionamento humano, como mecanismo de afirmação pessoal, tem gerado vários distúrbios de comportamento nas pessoas tímidas, nos indivíduos sensíveis e em todos quantos enfrentam problemas para um intercâmbio de ideias, uma abertura emocional, uma convivência saudável.

Enxameiam, por isso mesmo, na sociedade, os solitários por livre opção e aqueloutros que se consideram marginalizados ou são deixados à distância pelas conveniências dos grupos.

A sociedade competitiva dispõe de pouco tempo para a cordialidade desinteressada, para deter-se em labores a benefício de outrem.

O atropelamento pela oportunidade do triunfo impede que o indivíduo, como unidade essencial do grupo, receba consideração e respeito, ou conceda ao próximo este apoio que gostaria de fruir.

O Homem Integral

A mídia exalta os triunfadores de agora, fazendo o panegírico dos grupos vitoriosos e esquecendo com facilidade os heróis de ontem, ao mesmo tempo em que sepulta os valores do idealismo, sob a retumbante cobertura da insensatez e do oportunismo.

O homem, no entanto, sem ideal mumifica-se. O ideal é-lhe de vital importância, como o ar que respira.

O sucesso social não exige, necessariamente, os valores intelecto-morais, nem o vitalismo das ideias superiores, antes cobra os louros das circunstâncias favoráveis e se apoia na bem urdida promoção de mercado, para vender imagens e ilusões breves, continuamente substituídas, graças à rapidez com que devora as suas estrelas.

Quem, portanto, não se vê projetado no caleidoscópio mágico do mundo fantástico considera-se fracassado e recua para a solidão, em atitude de fuga de uma realidade mentirosa, trabalhada em estúdios artificiais.

Parece muito importante, no comportamento social, receber e ser recebido, como forma de triunfo, e o medo de não ser lembrado nas rodas bem-sucedidas leva o homem a estados de amarga solidão, de desprezo por si mesmo.

O homem faz questão de ser visto, de estar cercado de bulha, de sorrisos, embora sem profundidade afetiva, sem o calor sincero das amizades, nessas áreas, sempre superficiais e interesseiras. O medo de ser deixado em plano secundário, de não ter para onde ir, com quem conversar, significaria ser desconsiderado, atirado à solidão.

Há uma terrível preocupação para ser visto, fotografado, comentado, *vendendo* saúde, felicidade, mesmo que fictícia.

A conquista desse triunfo e a falta dele produzem solidão.

O irreal, que esconde o caráter legítimo e as lídimas aspirações do ser, conduz à psiconeurose de autodestruição.

A ausência do aplauso amargura, em face do conceito falso em torno do que se considera, habitualmente, como triunfo.

Há terrível ânsia para ser-se amado, não para conquistar o amor e amar, porém para ser objeto de prazer, mascarado de afetividade. Dessa forma, no entanto, a pessoa se desama, não se torna amável nem amada realmente.

Campeia, assim, o "medo da solidão", numa demonstração caótica de instabilidade emocional do homem, que parece haver perdido o rumo, o equilíbrio.

O silêncio, o isolamento espontâneo, são muito saudáveis para o indivíduo, podendo permitir-lhe reflexão, estudo, autoaprimoramento, revisão de conceitos perante a vida e a paz interior.

O sucesso, decantado como forma de felicidade, é, talvez, um dos maiores responsáveis pela solidão profunda.

Os campeões de bilheteria nos *shows,* nas rádios, televisões e cinemas, os astros invejados, os reis dos esportes, dos negócios cercam-se de fanáticos e apaixonados, sem que se vejam livres da solidão.

Suicídios espetaculares, quedas escabrosas nos porões dos vícios e dos tóxicos comprovam quanto eles são tristes e solitários. Eles sabem que o amor, com que os cercam, traz, apenas, apelos de promoção pessoal dos mesmos que os envolvem, e receiam os novos competidores que lhes ameaçam os tronos, impondo-lhes terríveis ansiedades e inseguranças, que procuram esconder no álcool, nos estimulantes e nos derivativos que os mantêm sorridentes, quando gostariam de chorar, quão inatingidos, quanto se sentem fracos e humanos.

A *neurose da solidão* é doença contemporânea, que ameaça o homem distraído pela conquista dos valores de pequena monta, porque transitórios.

Resolvendo-se por afeiçoar-se aos ideais de engrandecimento humano, por contribuir com a *hora vazia* em favor dos enfermos e idosos, das crianças em abandono e dos animais, sua vida adquiriria cor e utilidade, enriquecendo-se de um companheirismo digno, em cujo interesse alargar-se-ia a esfera dos objetivos que motivam as experiências vivenciais e inoculam coragem para enfrentar-se, aceitando os desafios naturais.

O homem solitário, todo aquele que se diz em solidão, exceto nos casos patológicos, é alguém que se receia encontrar, que evita descobrir-se, conhecer-se, assim ocultando a sua identidade na aparência de infeliz, de incompreendido e abandonado.

A velha conceituação de que todo aquele que tem amigos não passa necessidades, constitui uma forma desonesta de estimar, ocultando o utilitarismo sub-reptício, quando o prazer da afeição em si mesma deve ser a meta a alcançar-se no inter-relacionamento humano, com vista à satisfação de amar.

O medo da solidão, portanto, deve ceder lugar, à confiança nos próprios valores, mesmo que de pequenos conteúdos, porém significativos para quem os possui.

Jesus, o Psicoterapeuta Excelente, ao sugerir o *amor ao próximo como a si mesmo* após o *amor a Deus* como a mais importante conquista do homem, conclama-o a amar-se, a valorizar-se, a conhecer-se, de modo a plenificar-se com o que é e tem, multiplicando esses recursos em implementos de vida eterna, em saudável companheirismo, sem a preocupação de receber resposta equivalente.

O homem solidário jamais se encontra solitário.

O egoísta, em contrapartida, nunca está solícito, por isto, sempre atormentado.

Possivelmente, o homem que caminha a sós se encontre mais sem solidão, do que outros que, no tumulto, inseguros, estão cercados, mimados, padecendo disputas; todavia, sem paz nem fé interior.

A fé no futuro, a luta por conseguir a paz íntima – eis os recursos mais valiosos para vencer-se a solidão, saindo do arcabouço egoísta e ambicioso para a realização edificante onde quer que se esteja.

LIBERDADE

As pressões constantes geradoras de medo, não raro extrapolam em forma de violência propondo a liberdade.

Sentindo-se coarctado nos movimentos, o animal reage à prisão e debate-se até à exaustão, na tentativa de libertar-se. Da mesma forma, o homem, sofrendo limites, aspira à amplidão de horizontes e luta pela sua independência.

É perfeitamente normal o empenho do cidadão em favor da sua libertação total, passo esse valioso na conquista de si mesmo. Todavia, pouco esclarecido e vitimado pelas compressões que o alucinam, utiliza-se dos instrumentos da rebeldia, desencadeando lutas e violência para lograr ao que aspira como condição fundamental de felicidade.

A violência, porém, jamais oferece a liberdade real.

Arranca o indivíduo da opressão política, arrebenta-lhe as injunções caóticas impostas pela sociedade injusta, favorece-o com terras e objetos, salários e haveres.

Isto, porém, não é a liberdade, no seu sentido profundo.

São conquistas de natureza diferente, nas áreas das necessidades dos grupos e aglomerados humanos, longe de ser a meta de plenitude, talvez constituindo um meio que faculte a realização do próximo passo, que é o do autodescobrimento.

A violência retém, porém não doa, já que sempre abre perspectivas para futuros embates sob a ação de maiores crueldades.

As guerras, que se sucedem, apoiam-se nos tratados de paz malformulados, quando a violência selou, com sujeição, o destino da nação ou do povo submetido...

O *instinto de rebeldia* faz parte da psique humana.

A criança que se obstina usando a negativa, afirma a sua identidade, exteriorizando o anseio inconsciente de ser livre. Porque carece de responsabilidade, não pode entender o que tal significa.

Somente mediante a responsabilidade, o homem se liberta, sem tornar-se libertino ou insensato.

A sociedade, que fala em nome das pessoas de sucesso, estabelece que a liberdade é o *direito* de fazer o que a cada qual apraz, sem dar-se conta de que essa liberação da vontade termina por interditar o *direito* dos outros, fomentando as lutas individuais, dos que se sentem impedidos, espocando nas violências de grupos e classes, cujos *direitos* se encontram dilapidados.

Se cada indivíduo agir conforme achar melhor, considerando-se liberado, essa atitude trabalha em favor da anarquia, responsável por desmandos sem limites.

Em nome da liberdade, atuam desonestamente os vendedores das paixões ignóbeis, que espalham o bafio criminoso das mercadorias do prazer e da loucura.

A denominada liberação sexual, sem a correspondente maturidade emocional e dignidade espiritual, rebaixou as fontes genésicas a paul venenoso, no qual, as expressões aberrantes assumem cidadania, inspirando os comportamentos alienados e favorecendo a contaminação das enfermidades degenerativas e destruidoras da existência corporal. Ao mesmo tempo, faculta o aborto delituoso, a promiscuidade moral, reconduzindo o homem a um estágio de primarismo dantes não vivenciado.

A liberdade de expressão, aos emocionalmente desajustados, tem permitido que a morbidez e o choque se revelem com mais naturalidade do que a cultura e a educação, por enxamearem mais os aventureiros, com as exceções compreensíveis, do que os indivíduos conscientes e responsáveis.

A liberdade é um direito que se consolida, na razão direta em que o homem se autodescobre e se conscientiza, podendo identificar os próprios valores, que deve aplicar de forma edificante, respeitando a natureza e tudo quanto nela existe.

A agressão ecológica, em forma de violência cruel contra as forças mantenedoras da vida, demonstra que o homem, em nome da sua liberdade, destrói, mutila, mata e mata-se, por fim, por não saber usá-la conforme seria de desejar.

A liberdade começa no pensamento, como forma de aspiração do bom, do belo, do ideal que são tudo quanto fomenta a vida e a sustenta, dá vida e a mantém.

Qualquer comportamento que coage, reprime, viola é adversário da liberdade.

Examinando o magno problema da liberdade, Jesus sintetizou os meios de consegui-la, na *busca da verdade,* única opção para tornar o homem realmente livre.

A Verdade, em síntese, que é Deus – e não a verdade conveniente de cada um, que é a forma doentia de projetar a própria *sombra*, de impor a sua imagem, de submeter à sua a vontade alheia –, constitui meta prioritária.

Deus, porém, está dentro de todos nós, e é necessário imergir na Sua busca, de modo que O exteriorizemos sobranceiro e tranquilizador.

As conquistas externas atulham as casas e os cofres de coisas, sem torná-los lares nem recipientes de luz, destituídos de significado, quando nos momentos magnos das grandes dores, dos fortes dissabores, da morte, que chegam a todos...

A liberdade, que se encerra no túmulo, é utópica, mentirosa.

Livre é o Espírito que se domina e se conquista, movimentando-se com sabedoria por toda parte, idealista e amoroso, superando as injunções pressionadoras e amesquinhantes.

Gandhi fez-se o protótipo da liberdade, mesmo quando nas várias vezes em que esteve encarcerado, informando que "não tinha mensagem a dar. A minha mensagem é a minha vida."

Antes dele, Sócrates permaneceu em liberdade, embora na prisão e na morte que lhe adveio depois.

...E Cristo, cuja mensagem é o Amor que liberta, prossegue ensinando a eficiente maneira de conquistar a liberdade.

Nenhuma pressão de fora pode levar à falta de liberdade, quando se conseguir ser lúcido e responsável interiormente, portanto, livre.

Não se justifica, deste modo, o medo da liberdade, como efeito dos fatores extrínsecos, que as situações políticas, sociais e econômicas estabelecem como forma espúria de fazer que sobrevivam as suas instituições, subjugando aqueles que vencem. O homem que as edifica dá-se conta, um dia, de que dominando povos, grupos, classes ou pessoas também não é livre, escravo, ele próprio, daqueles que submete aos seus caprichos, mas lhe roubam a opção de viver em liberdade.

Não há liberdade quando se mente, engana, impõe e atraiçoa.

A liberdade é uma atitude perante a vida.

Assim, portanto, só há liberdade quando se ama conscientemente.

2

Estranhos rumos, seguros roteiros

HOMENS-APARÊNCIA • FOBIA SOCIAL •
ÓDIO E SUICÍDIO • MITOS

Homens-aparência

A falta de uma consciência idealista, na qual predomina o bem geral sem os impulsos egoístas que trabalham em favor do imediatismo, torna difícil a realização da liberdade.

Para lográ-la até a plenitude, faz-se mister um seguro conhecimento interior do homem, das suas aspirações e metas, bem como os instrumentos de trabalho com os quais pretende movimentar-se.

Ignorando as reações pessoais sempre imprevisíveis, facilmente ele tomba nas ciladas da violência ou entrega-se à depressão, quando surgem dificuldades e as respostas ao seu esforço não correspondem ao anelado.

Incapaz de controlar-se, mantendo uma atitude criativa e otimista, mesmo em face dos dissabores, a liberdade se lhe transforma em uma conquista vazia, cuja finalidade é permitir-lhe extravasar os impulsos primitivos e as paixões agressivas, em atentado cruel contra aquilo que pretende: o anseio de ser livre.

O homem livre sonha e trabalha, confia e persevera, semeando, em tempo próprio, a feliz colheita porvindoura.

Não se pode conseguir de um para outro momento a liberdade, nem a herdar das gerações passadas. Cada indivíduo a conquista lentamente, acumulando experiências que amadurecem o discernimento e a razão de que se utiliza no momento de vivenciá-la.

Ela começa na escolha de si próprio conforme o enunciado cristão do "amar ao próximo como a si mesmo" se ama, porquanto não existindo este sentimento pessoal de respeito à própria individualidade, que propõe os limites dos direitos na medida dos deveres executados, não se pode esperar consideração aos valores alheios, com a consequente liberdade dos outros indivíduos.

Esse amor a si mesmo ergue o homem aos patamares superiores da vida que a sua consciência idealista descortina, e o seu esforço produz. Meta a meta, ele ascende, fazendo opções mais audaciosas no campo do belo, do útil, do humano, deixando pegadas indicadoras para os indecisos da retaguarda. Sua personalidade se ilumina de esperança e a sua conduta se permeia de paz.

Lentamente, são retiradas as aparências do conveniente social, do agradável estatuído, do conforme desejado, para que a legítima identidade apareça e o homem se torne o que realmente é.

É claro que nos referimos às expressões de engrandecimento, que, normalmente, permanecem enclausuradas no íntimo sem oportunidade de exteriorizar-se, soterradas, às vezes, sob sucessivas camadas de medo, de indiferença, de acomodação.

Muitos homens temem ser conhecidos nos seus sentimentos éticos, nos seus esforços de saudável idealismo, tachados, esses valores, pelos pigmeus morais, encarcerados no exclusivismo das suas paixões, como sentimentalismos, pieguices, fraquezas de caráter.

Confundem coragem com impulsividade e força com expressões do poder, da dominação. Porque vivem sem liberdade, desdenham os homens livres.

Na consciência profunda está ínsita a verdadeira liberdade, que deve ser buscada mediante o mergulho no âmago do ser e a reflexão demorada, propiciadora do autoconhecimento.

Em realidade o homem é livre e nasceu para preservar este estado.

Não tem limites a conquista da liberdade, porquanto ele pode, embora não deva, optar por preservar ou não o corpo, através do suicídio espetacular ou escamoteado, na recusa consciente ou não de continuar a viver.

Não se decidindo, porém, em preservar esse atributo, sustentando ou melhorando as estruturas psicológicas, sofre os efeitos do relacionamento social pressionador, e tomba nos meandros da turbulência dos dias que vive.

Esvaziados de objetivos elevados, os movimentos dos grupos sociais, como dos indivíduos, proporcionam a anarquia, que se mascara de liberdade, destacando-se a violência de um lado e o conformismo de outro, sem um relacionamento saudável entre as criaturas. Dissimulam-se os sentimentos para se apresentarem bem, conforme o figurino vigente, detestando-se fraternalmente e vivendo a competição frenética e desgastante para cada qual alcançar a supremacia no grupo, agradando o *ego* atormentado.

Apesar de acumularem haveres pregando o existencialismo comportamental, esses vitoriosos permanecem vazios, sem ideal, sem consciência ética, mumificados nas ambições e presos aos desejos que nunca satisfazem.

Desencadeia-se um distúrbio no conjunto social, que afeta o homem, por sua vez perturbando mais o grupo, em círculo vicioso, no qual a causa, gerando efeitos, estes se tornam novas causas de tribulação.

Reverter o sistema injusto e desgastante, no qual se mede e valoriza o homem pelo que tem, e não pelo que é, em razão do que pode, não do que faz, é o compromisso de todo aquele que é livre.

A desordenada preocupação por adquirir, a qualquer preço, equipamentos, veículos, objetos da propaganda alucinada; a ansiedade para ser bem-visto e acatado no meio social; o tormento para vestir-se de acordo com a moda exigente; a inquietação para estar bem-informado sobre os temas sem profundidade de cada momento transtornam o equilíbrio emocional da criatura, arrojando-a aos abismos da perda de identidade, à desestruturação pessoal, à confusão de valores.

Homens-aparência, tornam-se quase todos. Calmos ou não, fortes ou fracos, ricos ou pobres enxameiam num contexto confuso, sem liberdade, no entanto, em regime político e social de liberdade, atulhados de ferramentas de trabalho como de lazer, desmotivados e automatistas, sem rumo. Prosseguem, avançando – ou caminhando em círculo? – desnorteados na grande horizontal das conquistas de fora, temendo a verticalidade da interiorização realmente libertadora.

Fobia social

Pressionado pelas constrições de vária ordem, exceção feita aos fenômenos patológicos, na área da personalidade, o indivíduo tímido, desistindo de reagir, assume comportamentos fóbicos.

Neuroses e psicoses se lhe manifestam, atormentando-o e gerando-lhe um clima de pesadelo onde quer que se encontre.

A liberdade, que lhe é de fundamental importância para a vida, perde o seu significado externo, em face das prisões sem paredes que são erguidas, nelas encarcerando-se.

Da melancolia profunda ele passa à ansiedade, com alternâncias de insatisfação e tentativas de autodestruição, e da desconfiança sistemática tomba, por falta de resistências morais, diante dos insucessos banais da existência. Nem mesmo o êxito nos negócios, na vida social e familiar, consegue minimizar-lhe o desequilíbrio que, muitas vezes, aumenta, em razão de já não lhe sendo necessário fazer maiores esforços para conseguir, considera-se sem finalidade que justifique prosseguir.

Os estados fóbicos desgastam-lhe os nervos e conduzem-no às depressões profundas. São vários estes fenômenos no comportamento humano.

Surge, porém, no momento, um que se generaliza, a pouco e pouco, o denominado como *fobia social,* graças ao qual o indivíduo começa a detestar o convívio com as demais pessoas, retraindo-se, isolando-se.

A princípio, apresenta-se como forma de mal-estar, depois, como insegurança, quando o homem é conduzido a enfrentar um grupo social ou o público que lhe aguarda a presença, a palavra.

O grau de ansiedade foge-lhe ao controle, estabelecendo conflitos psicológicos perturbadores.

A ansiedade comedida é fenômeno perfeitamente natural, resultante da expectativa ante o inusitado, em face do trabalho a ser desenvolvido, diante da ação que deve ser aplicada como investimento de conquista, sem que isto provoque desarmonia interior com reflexos físicos negativos.

Quando, então, se revela, desencadeada por problemas de somenos importância, produzindo taquicardias, sudorese álgida, tremores contínuos, estão ultrapassados os limites do equilíbrio, tornando-se patológica.

A *fobia social* impede uma leitura em voz alta, uma assinatura diante de alguém que acompanhe o gesto, segurar um talher para uma refeição, pegar um vaso com líquido sem o entornar... O paciente, nesses casos, tem a impressão de que está sob severa observação e análise dos outros, passando a detestar as presenças estranhas, até os familiares e amigos mais íntimos.

Em algumas circunstâncias, quando o processo se encontra em instalação, a concentração e o esforço para superar o *impedimento* auxiliam-no, facultando-lhe somente relaxar-se e adquirir naturalidade após constatar que ninguém o observa, perdendo, assim, o prazer do diálogo, em face da tensão gerada pelo problema.

A tendência natural do portador de *fobia social* é fugir, ocultar-se malbaratando o dom da existência, vitimado pela ansiedade e pelo medo.

O Homem Integral

O homem é o único animal ético existente.

Para adquirir a condição de uma consciência ética é convidado a desafios contínuos, graças aos quais discerne o bem do mal, o belo do feio, o lógico do absurdo, imprimindo-se um comportamento que corresponda ao seu grau de compreensão existencial.

Aprofundando-se no exame dos valores, distingue-os, passando a viver conforme os padrões que estabelece como indispensáveis às metas que persegue, porquanto pretende constituir-lhe a felicidade.

A fim de lograr o domínio desses legítimos valores, aplica outra das suas características essenciais, que é o de ser um animal biossocial.

A vida de relação com os demais indivíduos é-lhe essencial ao progresso ético.

Isolado, asselvaja-se ou entrega-se a uma submissão indiferente, perniciosa.

As imposições do relacionamento social exterior, sem profundidade emocional, respondem por esta explosão fóbica, em face da ausência de segurança afetiva entre os indivíduos e da competição que grassa, desenfreada, fazendo que se veja sempre, no atual amigo, o potencial usurpador da sua função, o possível inimigo de amanhã.

Tal desconfiança arma as pessoas de suspeição, levando-as a uma conduta artificial, mediante a qual se devem apresentar como bem-estruturadas emocionalmente, superiores às vicissitudes, capazes de enfrentar riscos, indiferentes às agressões do meio, porque seguras das suas reservas de forças morais.

Gerando instabilidade entre o que demonstram e aquilo que são realmente, surge o pavor de serem vencidas, deixadas à margem, desconsideradas. O mecanismo de fuga da luta sem quartel apresenta-se-lhes como alternativa saudável, por poupar-lhes esforços que lhes parecem inúteis, desde que não se sentem inclinadas a usar dos mesmos métodos de que se creem vítimas.

Simultaneamente, as atividades trepidantes e as festas ruidosas mais afastam os amigos, que dizem não dispor de tempo para o intercâmbio fraternal, a assistência cordial, receosos, por sua vez, de igualmente tombarem, vitimados pelo mesmo mal que os ronda, implacável.

Nestas circunstâncias, mentes desencarnadas, deprimentes, se associam aos pacientes, complicando-lhes o quadro e empurrando-os para as psicoses profundas, irreversíveis.

A desumanização do homem, que se submete aos caprichos do *momento dourado* das ilusões, conspira contra ele próprio e o seu próximo, tornando esta a geração do medo, a sociedade sem destino.

Ódio e suicídio

Herdeiro de si mesmo, carregando, no inconsciente, as experiências transatas, o homem não foge aos atavismos que o jungem ao primitivismo, embora as claridades arrebatadoras do futuro chamando-o para as grandes conquistas.

Liberar-se do forte cipoal das paixões animalizantes para os logros da razão é o grande desafio que tem pela frente.

Onde quer que vá, encontra-se consigo mesmo.

A sua evolução socioantropológica é a história das contínuas lutas, em que o artista – o Espírito – arranca do bloco grotesco – a matéria – as expressões de beleza e grandiosidade que lhe dormem imanentes.

Os mitos de todos os povos, na história das artes, das filosofias e das religiões, apresentam a luta contínua do ser libertando-se da argamassa celular, arrebentando algemas para firmar-se na liberdade que passa a usar, agressivamente, no começo, até converter-se em um estado de consciência ética plenificador, carregado de paz.

Em cada mito do passado surge o homem em luta contra forças soberanas que o punem, o esmagam, o dominam.

Gerado o conceito da desobediência, o reflexo da punição assoma dominador, reduzindo o calceta a uma posição ínfima, contra a qual não se pode levantar, nem sequer justificar a fragilidade.

Essa incapacidade de enfrentar o imponderável – as forças desgovernadas e prepotentes – mais tarde se apresenta camuflada em forma de rebelião inconsciente contra a existência física, contra a vida em si mesma.

Obrigado mais a temer esses opressores do que a os amar, compelido a negociar a felicidade mediante oferendas e cultos, extravagantes ou não, sente-se coibido na sua liberdade de ser, então rebelando-se e passando a uma atitude formal em prejuízo da real, a um comportamento social e religioso conveniente em vez de ideal, vivendo fenômenos neuróticos que o deprimem ou o exaltam, como efeitos naturais de sua rebelião íntima.

Ao mesmo tempo, procurando deter os instintos agressivos nele jacentes, sem os saber canalizar, sofre reações psicológicas que lhe perturbam o sistema emocional.

O ressentimento – que é uma manifestação da impotência agressiva não exteriorizada – converte-se em travo de amargura, a tornar insuportável a convivência com aqueles contra os quais se volta.

Antegozando o desforço – que é a realização íntima da fraqueza, da covardia moral – dá guarida ao ódio que o combure, tornando a sua existência como a do outro em um verdadeiro inferno.

O ódio é o filho predileto da selvageria que permanece em a natureza humana. Irracional, ele trabalha pela destruição de seu oponente, real ou imaginário, não cessando, mesmo após a derrota daquele.

Quando não pode descarregar as energias em descontrole contra o opositor, volta-se contra si mesmo, articulando mecanismos de autodestruição, graças aos quais se vinga da sociedade que nele vige.

Os danos que o ódio proporciona ao psiquismo, por destrambelhar a delicada maquinaria que exterioriza o pensamento e mantém a harmonia do ser, tornam-se de difícil catalogação. Simultaneamente, advêm reações orgânicas que se refletem nas funções hepática, digestiva, circulatória, dando origem a futuros processos cancerígenos, cardíacos, cerebrais...

A irradiação do ódio é portadora de carga destrutiva que, não raro, corrói as engrenagens do emissor como alcança aquele contra quem vai direcionada, caso este sintonize em faixa de equivalência vibratória.

Lixo do inconsciente, o ódio extravasa todo o conteúdo de paixões mesquinhas, representativas do primarismo evolutivo e cultural.

Algumas escolas, na área da Psicologia, preconizam como terapia a liberação da agressividade, do ódio, dos recalques e castrações, mediante a permissão do vocabulário chulo, das diatribes nas sessões de grupo, das acusações recíprocas, pretendendo o enfraquecimento das tensões, ao mesmo tempo a conquista da autorrealização, da segurança pessoal.

Sem discutirmos a validade ou não da experiência, o homem é *pássaro* cativo fadado a grandes voos; ser equipado com recursos superiores, que viaja do instinto para a razão, desta para a intuição e, por fim, para a sua fatalidade plena, que é a perfeição.

Uma psicologia baseada em terapêutica de agressão e libertação de instintos, evitando as pressões que coarctam os anseios humanos, certamente atinge os primeiros propósitos, sem erguer o paciente às cumeadas da realização interior, da identificação e vivência dos valores de alta monta, que dão cor, objetivo e paz à existência.

Assumir a inferioridade, o desmando, a alucinação é extravasá-los, nunca sanar o mal, libertar-se dele por desnecessário.

Se não é recomendável, para as referidas escolas, a repressão, pelos males que proporciona, menos será liberar alguns, aos outros agredindo, graças aos falsos direitos que tais pacientes requeiram para si, arremetendo contra os direitos alheios.

A sociedade, considerada como castradora, marcha para terapias que canalizem de forma positiva as forças humanas, suavizando as pressões, eliminando as tensões através de programas de solidariedade, recreio e serviços compatíveis com a clientela que a constitui.

O ódio pressiona o homem que se frustra, levando-o ao suicídio. Tem origens remotas e próximas.

Nas patologias depressivas, há muito fenômeno de ódio embutido no enfermo sem que ele se dê conta. A indiferença pela vida, o temor de enfrentar situações novas, o pessimismo disfarçam mágoas, ressentimentos, iras não digeridas, ódios que ressumam como desgosto de viver e anseio por interromper o ciclo existencial.

Falhando a terapia profunda de soerguimento do enfermo, o suicídio é o próximo passo, seja através da negação de viver ou do gesto covarde de encerrar a atividade física.

Todos os indivíduos experimentam limites de alguma procedência.

Os extrovertidos conquistadores ocultam, às vezes, largos lances de timidez, solidão e desconfiança, que têm dificuldade em superar.

Suas reuniões ruidosas são mais mecanismos de fuga do que recursos de espairecimento e lazer.

Os alcoólicos que usam, as músicas ensurdecedoras que os aturdem, encarregam-se de mantê-los mais solitários na confusão do que solidários uns com os outros.

As gargalhadas, que são esgares festivos, substituem os sorrisos de bem-estar, de satisfação e humor, levando-os de um para outro lugar-nenhum, embora se movimentem por cidades, clubes e reuniões diversos.

O ser humano deve ter a capacidade de discernimento para eleger os valores compatíveis com as necessidades reais que lhe são inerentes.

Descobrir a sua realidade e crescer dentro dela, aumentando a capacidade de ser saudável, eis a função da inteligência individual e coletiva, posta a benefício da vida.

As transformações propõem incertezas, que devem ser enfrentadas naturalmente, como as oposições e os adversários encarados na condição de ocorrências normais do processo de crescimento, sem ressentimentos, nem ódios ou fugas para o suicídio.

O Homem Integral

O homem que progride cada dia, ascende, não sendo atingido pelas farpas dos problematizados que o não podem acompanhar, por enquanto, no processo de crescimento.

Alcançado o acume desejado, este indivíduo está em condições de *descer* sem diminuir-se, a fim de erguer aquele que permanece na retaguarda.

Ora, para alcançar-se qualquer meta e, em especial, a da paz, torna-se necessário um planejamento, que deflui da autoconsciência, da consciência ética, da consciência do conhecimento e do amor.

O planejamento precede a ação e desempenha papel fundamental na vida do homem.

Somente uma atitude saudável e uma emoção equilibrada, sem vestígios de ódio, desejo de desforço, podem planejar para o bem, o êxito, a felicidade.

Mitos

A história do homem é a consequência dos mitos e crendices que ele elaborou para a sobrevivência, para o seu pensamento ético.

Medos e ansiedades, aspirações e sofrimentos estereotipam-se em fórmulas e formas mitológicas que lhe refletem o estágio evolutivo, em alguns deles perfeitamente consentâneos com as suas conquistas contemporâneas.

As concepções indianas lendárias, as tradições templárias dos povos orientais, recuperam as suas formulações nas tragédias gregas, excelentes repositórios dos conflitos humanos, que a mitologia expõe, ora com poesia, em momentos outros com formas grotescas de dramas cruéis.

A vingança de Zeus contra Prometeu, condenado à punição eterna, atado a um rochedo, no qual um abutre lhe devorava o fígado durante o dia e este se refazia à noite para que o suplício jamais cessasse, humaniza o deus vingador e despeitado, porque o ser, que ele criara, ao descobrir o fogo, adquirira o poder de iluminar a Terra, tornando-se uma quase divindade. O ciúme e a paixão humana cegaram o deus, que se enfureceu.

O criador desejava que o seu gerado fosse sempre um *inocente, ignorante,* dependente, sem consciência ética, sem discernimento, a fim de que pudesse, o todo-poderoso, nele comprazer-se.

A desobediência, ingênua e curiosa do ser criado, trouxe-lhe o ignóbil, inconcebível e imerecido castigo, caracterizando a falência do seu gerador.

Com pequenas variações vemos a mesma representação em outros povos e doutrinas de conteúdo infantil, que se não dão conta ou não querem encontrar o significado real da vida, a sua representação profunda, castigando aqueles que lhe desobedecem e preferem a idade adulta da razão, abandonando a infância.

O pensamento cartesiano, com o seu "senso prático", deu-lhes o primeiro golpe e lentamente decretou a morte dos mitos e das crenças.

Se, de um lado, favoreceu ao homem que abandonasse a tradição dos feiticeiros, dos bichos-papões, das cegonhas trazendo bebês, eliminou também as fadas madrinhas, os gênios bons, os anjos da guarda. E quando já se acreditava na morte dos mitos, considerando-se as mentes adultas liberadas deles, eis que a tecnologia e a mídia criaram outros hodiernos: os *super-homens,* os *He-men,* os *invasores marcia-*

O Homem Integral

nos, os *homens invisíveis*, gerando personagens consideradas extraordinárias para o combate contra o mal sem trégua em nome do bem incessante.

Concomitantemente, a robótica abriu espaços para que a imaginação ampliasse o campo mitológico, e as máquinas eletrônicas, na condição de simuladores, produzissem novos heróis e ases vencedores no contínuo campeonato das competições humanas.

O exacerbar do entusiasmo tornou a ficção uma realidade próxima, permitindo que os jovens modernos confundam as suas possibilidades limitadas com as remotas conquistas da fantasia.

Imitam os heróis das histórias em quadrinhos, tomam posturas semelhantes aos líderes de bilheteria, no teatro, no rádio, no cinema, na televisão e chegam a crer-se imortais físicos, corpos indestrutíveis ou recuperáveis pelos engenhos da biônica, igualmente fabricantes de seres imbatíveis.

Retorna-se, de certo modo, ao período em que os deuses desciam à Terra, humanizando-se; e os magos com habilidades místicas resolviam quaisquer dificuldades, dando margem a uma cultura superficial e vandálica, de funestos resultados éticos.

A violência, que irrompe, desastrosa, arma os novos *Rambos* com equipamentos de vingança em nome da justiça, enfrentando as *forças do mal* que se apresentam numa sociedade injusta, promovendo lutas lamentáveis, sem controle.

As experiências pessoais, resultado das conquistas éticas, cedem lugar aos modelos fabricados pela imaginação fértil, que descamba para o grotesco, fomentando o pavor, ironizando os valores dignos e desprezando as Instituições.

A falência do individualismo industrial, a decadência do coletivismo socialista deram lugar a novas formas de afirmação, nas quais o inconsciente projeta os seus mitos e assenhoreia-se da realidade, confundindo-a com a ilusão.

As virtudes apresentam-se fora de moda, e a felicidade surge na condição de desprezo pelo aceito e considerado, instituindo a extravagância – novo mito – como modelo de autorrealização, desde que choque e agrida o convívio social.

O perdido "jardim do Éden" da mitologia bíblica reaparece na grande satisfação do "fruto do pecado", transformando a punição em prazer e desafiando, mediante a contínua desobediência, o Implacável que lhe castigou o despertar da consciência.

Na sucessão de desmandos propiciados pelos mitos contemporâneos, toma corpo a saudade da paz – a inocência representativa do Bem – e a experiência, demonstrando a inevitabilidade dos fenômenos biológicos, do desgaste do cansaço, do envelhecimento e da morte, propicia uma revisão cultural com amadurecimento das vivências, induzindo o ser a uma nova busca da escala de valores realmente representativos das aspirações nobres da vida.

A solidão e a ansiedade que os mitos mascaram, mas não equacionam, rompem a couraça de indiferença do homem pela sua profunda identidade, levando-o a um amadurecimento em que o grupo social dele necessita para sobreviver, tanto quanto lhe é importante, favorecendo-o com um intercâmbio de emoções e ações plenificadoras.

Os mitos, logo mais, cederão lugar a realidades que já se apresentam, no início, como símbolos de uma nova conquista desafiadora e que se incorporarão, a pouco e pouco, ao cotidiano, ensinando disciplina, controle, respeito por si mesmo, aos outros, às autoridades, que no homem se fazem indispensáveis para a feliz coexistência pacífica.

3
A BUSCA DA REALIDADE

Autodescobrimento • Consciência ética
• Religião e religiosidade

Autodescobrimento

O esforço para a aquisição da experiência da própria identidade humanizada leva o indivíduo ao processo valioso do autodescobrimento. Enquanto empreende a tarefa do trabalho para a aquisição dos valores de consumo, isola-se, sem contribuir eficazmente para o bem-estar do grupo social no qual se movimenta. Os seus empreendimentos levam-no a uma negação da comunidade, a benefício pessoal, esperando recuperar esta dívida, quando os favores da fortuna e da projeção lhe facultarem o desfrutar do prazer, da aposentadoria regalada. As suas preocupações giram em torno do imediatismo, da ambição do triunfo sem resposta de paz interior. A sociedade, por sua vez, ignora-o, pressentindo nele um usurpador.

De alguma forma é levado ao competitivismo individualista, criando um clima desagradável. A sua ascensão será possível mediante a queda de outrem, mesmo que o não deseje. Torna-se, assim, um adversário natural. O seu produto vende na razão direta em que aumentam as necessidades dos outros, e a sua prosperidade se erige como consequência da *contribuição* dos demais. Não cessam as suas atividades na luta pelo ganha-pão.

Naturalmente, esse comportamento passa a exigir, depois de algum tempo, que o indivíduo se associe a outro, formando uma empresa maior ou um clube de recreação, ignorando-se interiormente e buscando, sem cessar, as aquisições de fora. A ansiedade, o medo, a solidão íntima tornam-se-lhe habituais, um de cada vez, ou simultaneamente, desgastando-o, amargurando-o.

O homem, pela necessidade de afirmar-se no empreendimento a que se vincula, busca atingir o máximo, aspira por ser o número um, e logra-o, às vezes.

A marcha inexorável do tempo, porém, diminui-lhe as resistências, solapando-lhe a competitividade, sendo substituído pelos novos competidores que o deixam à margem. Mesmo que ele haja alcançado o máximo, os sócios atuais consideram-no ultrapassado, prejudicial à Organização por falta de atualidade, e os filhos concedem-lhe postos honrosos, recreações douradas, lucros, desde que não interfira nos negócios... Ocorre-lhe a inevitável descoberta sobre a sua inutilidade, isto produzindo-lhe choque emocional, angústia ou agressividade sistemática, em mecanismo de defesa do que supõe pertencer-lhe.

O homem, realmente, não se conhece. Identifica e persegue metas exteriores. Camufla os sentimentos enquanto se esfalfa na realização pessoal, sem uma correspondente identificação íntima.

A experiência, em qualquer caso, é um meio propiciador para o autoconhecimento, em razão das descobertas que enseja àquele que tem a mente aberta aos valores morais, internos. Ela demonstra a pouca significação de muitas conquistas materiais, econômicas e sociais diante da inexorabilidade da morte, da injunção das enfermidades, especialmente as de natureza irreversível, dos golpes afetivos, por defrontar-se desestruturado, sem as resistências necessárias para suportar as vicissitudes que a todos surpreendem.

O homem possui admiráveis recursos interiores não explorados, que lhe dormem em potencial, aguardando o desenvolvimento. A sua conquista faculta-lhe o autodescobrimento, o encontro com a sua realidade legítima e, por efeito, com as suas aspirações reais, aquelas que se convertem em suporte de resistência para a vida, equipando-o com os bens inesgotáveis do Espírito.

Necessário recorrer a alguns valores éticos e morais: a coragem para decifrar-se, a confiança no êxito, o amor como manifestação elevada, a verdade que está acima dos caprichos seitistas e grupais, que o pode acalmar sem o acomodar, tranquilizá-lo sem o desmotivar para a continuação das buscas.

Conseguida a primeira meta, uma nova se lhe apresenta, e continuamente, por considerar-se o infinito da sabedoria e da Vida.

É do agrado de algumas personalidades neuróticas fugirem de si mesmas, ignorarem-se ou não saberem dos acontecimentos a fim de não sofrerem. Ledo engano! A fuga aturde, a ignorância amedronta, o desconhecido produz ansiedade, sendo, todos estes, estados de sofrimento.

O parto produz dor, e recompensa com bem-estar, ensejando vida.

O autodescobrimento é também um processo de parto, impondo a coragem para o acontecimento que libera.

Examinar as possibilidades com decisão e enfrentá-las sem mecanismos desculpistas ou de escape constitui o passo inicial.

Édipo, na tragédia de Sófocles, deseja conhecer a própria origem. Levado mais pela curiosidade do que pela coragem, ao ser informado que era filho do rei Laio, a quem matara, casando-se com Jocasta, sua mãe, desequilibra-se e arranca os olhos. Cegando-se, foge à sua realidade, ao autodescobrimento, e perde-se, incapaz de superar a dura verdade.

A verdade é o encontro com o fato que deve ser digerido, de modo a retificar o processo, quando danoso, ou prosseguir vitalizando-o, para que se o amplie a benefício geral.

Ignorando-se, o homem se mantém inseguro. Evitando aceitar a sua origem, tomba no fracasso, na desdita.

Ademais, a origem do homem é de Procedência Divina. Remontar aos pródromos da sua razão, com serena decisão de descobrir-se, deve ser-lhe um fator de estímulo ao tentame. O reforço de coragem para levantar-se, quando caia, o ânimo de prosseguir, se surgem conspirações emocionais que o intimidam, fazem parte de seu programa de enriquecimento interior.

O autoencontro enseja satisfações estimuladoras, saudáveis. Esse esforço deve ser acompanhado pela inevitável confiança no êxito, porquanto é ambição natural do ser pensante investir para ganhar, esforçar-se para colher resultados bons.

Certamente, não vem prematuramente o triunfo, nem se torna necessário. Há ocasião para semear, empreender, e momento outro para colher, ter resposta. O que se não deve temer é o atraso dos resultados, perder o estímulo porque os frutos não se apresentam, ou ainda não trazem o agradável sabor esperado. Repetir o tentame com a lógica dos bons efeitos, conservar o entusiasmo são meios eficazes para identificar as próprias possibilidades, sempre maiores quanto mais aplicadas.

Ao lado do recurso da confiança no êxito, aprofunda-se o sentimento de amor, de interesse humano, de participação no grupo social, com resultado em forma de respeito por si mesmo, de afeição à própria pessoa como ser importante que é no conjunto geral.

Discute-se muito, na atualidade, a questão das conquistas éticas e morais, intentando-se explicar que a falta de sentimento e de amor responde pelos desatinos que aturdem a sociedade. Têm razão aqueles que pensam desta forma. Todavia, parece-nos que a causa mais profunda do problema se encontra na dificuldade do discernimento em torno dos valores humanos. O questionamento a respeito do que é essencial e do que é secundário inverteu a ordem das aspirações, confundindo os sentimentos e transformando a busca das sensações em realização fundamental, relegando-se a plano inferior as expressões da emoção elevada, na qual, o belo, o ético, o nobre se expressam em forma de amor, que não embrutece nem violenta.

A experiência do amor é essencial ao autodescobrimento, pois que, somente através dele se rompem as couraças do *ego*, do primitivismo, predominante ainda em a natureza humana. O amor se expande como força cocriadora, estimulando todas as expressões e formas de vida. Possuidor de vitalidade, multiplica-a naquele que o desenvolve quanto na pessoa a quem se dirige. Energia viva, pulsante, é o próprio hálito da Vida a sustentá-la. A sua aquisição exige um bem direcionado esforço que deflui de uma ação mental equilibrada.

Na incessante busca da unidade, ora pela Ciência que tenta chegar à Causalidade Universal, ou através do mergulho no insondável do ser, podemos afirmar que os equipamentos que proporcionaram a desintegração do átomo, complexos e sofisticados, foram conseguidos com menor esforço, em nosso ponto de vista, do que a força interior necessária para a implosão do *ego*, em que busque a plenitude.

A formidanda energia detectada no átomo, propiciadora do progresso, serviu, no começo, para a guerra e ainda constitui ameaça destruidora, porque aqueles que a penetraram não realizaram uma equivalente aquisição no sentimento, no amor, que os levaria a pensar mais na humanidade do que em si e nos seus.

Amar torna-se um hábito edificante, que leva à renúncia sem frustração, ao respeito sem submissão humilhante, à compreensão dinâmica, por revelar-se uma experiência de alta magnitude, sempre melhor para quem o exterioriza e dele se nutre.

Na realização do cometimento afetivo surge o desafio da verdade, que é a meta seguinte.

Ninguém deterá a verdade, nem a terá absoluta. Não nos referimos somente à verdade dos fatos que a Ciência comprova, mas àquela que os torne verazes: verdade como veracidade, que depende do grau de amadurecimento da pessoa e da sua coragem para assumi-la.

Quando se trata de uma verdade científica, ela depende, para ser aceita, da honestidade de quem a apresenta, dos seus valores morais. Indispensável, para tanto, a probidade de quem a revela, não sendo apenas fruto da cultura ou do intelecto, porém, de uma alta sensibilidade para percebê-la. Defrontamo-la em pessoas humildes culturalmente, mas probas, escasseando em indivíduos letrados, porém hábeis na arte de sofismar.

A verdade faculta ao homem o valor de recomeçar inúmeras vezes a experiência equivocada até acertá-la.

Erra-se tanto por ignorância como pela rebeldia. Na ignorância, mesmo assim, há sempre uma *intuição* do que é verdadeiro, em face da presença íntima de Deus no homem. A rebeldia gera a má-fé, o que levou Nietzsche a afirmar com certo azedume: "Errar é covardia!", em face da opção cômoda de quem elege o agradável do momento, sem o esforço da coragem para lutar pelo que é certo e verdadeiro.

A aquisição da verdade amadurece o homem, que a elege e habitua-se à sua força libertadora, pois que, somente há liberdade real, se esta decorre daquela que o torna humilde e forte, aberto a novas conquistas e a níveis superiores de entendimento.

Consciência ética

O homem é o único "animal ético" que existe. Não obstante, um exame da sociedade, nas suas variadas épocas, devido à agressividade bélica, à indiferença pela vida, à barbárie de que dá mostras em inúmeras ocasiões, nos demonstre o contrário. Somente ele pode apresentar uma "consciência criativa", pensar em termos de abstrações como a beleza, a bondade, a esperança, e cultivar ideais de enobrecimento. Essa consciência ética nele existe em potencial, aguardando que seja desenvolvida mediante e após o autodescobrimento, a aquisição de valores que lhe proporcionem o senso de liberdade para eleger as experiências que lhe cabem vivenciar.

Atavicamente receoso, experimenta conflitos que o atormentam, dificultando-lhe discernir entre o certo e o errado, o bem e o mal, o bom e o pernicioso. Ainda dominado pelo egocentrismo da infância, de que não se libertou, pensa que o mundo existe para que ele o desfrute, e as pessoas a fim de que o sirvam, disputando e tomando, à força, o que supõe pertencer-lhe por direito ancestral.

Diversos caminhos, porém, deverá ele percorrer para que a autoconsciência lhe descortine as aquisições éticas indispensáveis: a afirmação de si mesmo, a introspecção, o amadurecimento psicológico e a autovalorização, entre outros...

O "negar-se a si mesmo" do Evangelho, que faculta a personalidades patológicas o mergulho no abandono do corpo e da vida, em reação cruel, destituído de objetivo libertador, aqui aparece como mecanismo de fuga da realidade, medo de enfrentar a sociedade e de lutar para conseguir o seu "lugar ao Sol", como membro atuante e útil da humanidade, que necessita crescer graças à sua ajuda. Este conceito cristão mantém as suas raízes na necessidade de "negar-se" ao *ego* prepotente e dominador a vassalagem do próximo, em favor das suas paixões, a fim de seguir o Cristo, aqui significando a Verdade que liberta. O desprezo a si mesmo, literalmente considerado, constitui reação de ódio e ressentimento pela vida e pela humanidade, mortificando o corpo ante a impossibilidade de flagiciar a sociedade.

O homem que se afirma pela ação bem direcionada, conquista resistência para perseverar na busca das metas que estabelece, amadurecendo a consciência ética de responsabilidade e dever, o que o credencia a logros mais audaciosos. Ele rompe as algemas da timidez, saindo do calabouço da preocupação, às vezes, patológica, de parecer bem, de ser tido como pessoa realizada ou de viver fugindo do contato social. Ou, pelo contrário, canaliza a agressividade, a impetuosidade de que se vê possuído para superar os impulsos ansiosos, aprendendo a conviver com o equilíbrio e em grupo, no qual há respeito entre os seus membros, sem dominadores nem dominados.

Consegue o *senso de planejamento* das suas ações, criando um ritmo de trabalho que o não exaure no excesso, nem o amolenta na ociosidade, participando do esforço geral para o seu e o progresso da comunidade. Adquire um conceito lógico de tempo e oportunidade para a realização dos seus empreendimentos, confiando com tranquilidade no resultado dos esforços despendidos.

Mediante a autoconsciência, aplica de maneira salutar as experiências passadas, sem saudosismo, sem ressentimentos, planejando as novas com um bem-delineado programa que resulta do processamento dos dados já vividos e adicionados às expectativas em pauta a viver.

Por sua vez, o fenômeno da autoconsciência consiste no conhecimento lógico do que fazer e como executá-lo, sem conceder-lhe demasiada importância, que se transforme numa obsessão, pela minudência de detalhes em face do excesso de cuidados, correndo o risco do lamentável perfeccionismo. Ele resulta de uma forma de dilatação do que se sabe, de uma consciência vigilante e lúcida do que se realiza, expandindo a vida e, como efeito, graças ao dinamismo adquirido, sentir-se liberado de tensões, fora de conflitos. Esta conquista de si mesmo enseja maior soma de realizações, mais amplo campo de criatividade, mais espontaneidade.

A introspecção ajuda-o, por ser o processo de conduzir a atenção para dentro, para a análise das possibilidades íntimas, para a reflexão do conteúdo emocional e a meditação que lhe desenvolva as forças latentes. Desse modo, não pode afastar o homem para *lugares especiais*, ou favorecer comportamentos exóticos, desligando-se do mundo objetivo e caindo em alienação. Vivendo-se no mundo, torna-se inevitável vencer-lhe os impositivos negativos, tempestuosos das pressões esmagadoras. Diante dos seus desafios, enfrentá-los com natural disposição de luta, não alterando o comportamento, nem o deixando estiolar-se.

É muito comum a atitude apressada de *viver-se emocionalmente* acontecimentos futuros que certamente não se darão, ou que ocorrerão de forma diversa da que a ansiedade estabelece. As impressões do futuro, como consequência de tal conduta, antecipam-se, afligindo, sem que o indivíduo viva as realidades do presente, confortadoras.

Para esta conduta ansiosa Jesus recomendava que "a cada dia baste a sua aflição", favorecendo o ser com o equilíbrio para manter-se diante de cada hora e fruí-la conforme se apresente.

A introspecção cria o clima de segurança emocional para a realização de cada ação de uma vez e a vivência de cada minuto no seu tempo próprio. Ajuda a manter a calma e a valorizar a sucessão das horas. O homem introspectivo, todavia, não se identifica pela carranca, pela severidade do olhar, pela distância da realidade, tampouco pela falsa superioridade em relação às outras pessoas. Tais posturas são formalistas, que denunciam preocupação com o exterior sem contribuição íntimo-transformadora. Antes, surge com peculiar luminosidade na face e no olhar, comedido ou atuando conforme o momento, porém sem perturbar-se ou perturbar, transmitindo serenidade, confiança e vigor.

A introspecção torna-se um ato saudável, não um vício ou evasão da realidade.

À medida que o homem se penetra, mais amadurece psicologicamente, saindo da proteção fictícia em que se esconde – *dependência da mãe,* da infância, do medo, da ansiedade, do ódio e do ressentimento, da solidão – para assumir a sua identidade, a sua humanidade.

As ações humanistas são o passo que desvela a consciência ética no indivíduo que já não se contenta com a experiência do prazer pessoal, egoísta, dando-se conta das necessidades que lhe vigem em volta, aguardando a sua contribuição. Nesse sentido, a sua humanidade se dilata, por perceber que a felicidade é um estado de bem-estar que se irradia, alcançando outros indivíduos ao invés de recolher-se em detrimento do próximo. Qual uma luz, expande-se em todas as direções, sem perder a plenitude do centro de onde se agiganta. Amplia-se-lhe, desta forma, o senso da responsabilidade pela vida em todas as suas expressões, tornando-o um ser humano ético, que é agente do progresso, das edificações beneficentes e culturais.

A perseguição da inveja não o perturba, tampouco a bajulação da indignidade o sensibiliza. Paira nele uma compreensão dos reais valores, que o propele a avançar sem timidez, sem pressa, sem temor. A sua se transforma em uma existência útil para o meio social, tornando-se parte ativa da comunidade que passa a servir, sem autoritarismo nem prejuízo emocional para si mesmo ou para o grupo.

A consciência ética é a conquista da iluminação, da lucidez intelecto-moral, do dever solidário e humano. Ela proporciona uma criatividade construtiva ilimitada, que conduz à santificação, na fé e na religião; ao heroísmo, na luta cotidiana e nas batalhas profissionais; ao apogeu, na Arte, na Ciência, na Filosofia, pelo empenho que enseja em favor de uma plena identificação com o ideal esposado.

São Vicente de Paulo, Nietzsche, Allan Kardec, Freud, Schweitzer, Cézanne são exemplos diversos de homens que adquiriram um estado de consciência ética aplicada em favor da humanidade.

Religião e religiosidade

No caleidoscópio do comportamento humano há, quase sempre, uma grande preocupação por mais parecer do que ser, dando origem aos *homens-espelho*, aqueles que, não tendo identidade própria, refletem os modismos, as imposições, as opiniões alheias. Eles se *tornam* o que agrada às pessoas com quem convivem, o ambiente que no seu comportamento neurótico se instala. Adota-se uma fórmula religiosa sem que se viva de forma equânime dentro dos cânones da religião. É a experiência da religião sem religiosidade, da aparência social sem o correspondente emocional que trabalha em favor da autorrealização. O conceito de Deus se perde na complexidade das fórmulas vazias do culto externo, e a manifestação da fé íntima desaparece diante das expressões ruidosas, destituídas dos componentes espirituais da meditação, da reflexão, da entrega. Disso resulta uma vida esvaziada de esperança, sem convicção de profundidade, sem madureza espiritual.

A religião se destina ao conforto moral e à preservação dos valores espirituais do homem, demitizando a morte e abrindo-lhe as portas aparentemente indevassáveis à percepção humana. Desvelar os segredos da vida de ultratumba, demonstrar-lhe o prosseguimento das aspirações e valores humanos ora noutra dimensão, dentro da mesma realidade da vida, é a finalidade precípua da religião. Em vez da proibição castradora e do dogmatismo irracional, agressivo à liberdade de pensamento e de opção, a religião deve favorecer a investigação em torno dos fundamentos existenciais, das origens do ser e do destino humano, ao lado dos equipamentos da Ciência, igualmente interessada em aprofundar as sondas das pesquisas sobre o mundo, o homem e a vida.

A fim de que esse objetivo seja alcançado, faz-se indispensável a coragem de romper com a tradição – rebelar-se contra a mãe religião – libertando-se das fórmulas, para encontrar a forma da mais perfeita identificação com a própria consciência geradora de paz. Tornar-se autêntico é uma decisão definidora que precede a resolução de crescer para dar-se. O desafio consiste na coragem da análise de conteúdo da religião, assim como da lógica, da racionalidade das suas teses e propostas. Somente, desta forma, haverá um relacionamento criativo entre o crente e a fé, a religiosidade emocional e a religião. Essa busca preserva a liberdade íntima do homem perante a vida, facultando-lhe um incessante crescimento, que lhe dará a capacidade para distinguir o em que acredita e por que em tal crê, sustentando as próprias forças na imensa satisfação dos seus descobrimentos e nas possibilidades que lhe surgem de ampliar essas conquistas.

Já não se torna, então, importante a religião, formal e circunspecta, fechada e sombria, mas a religiosidade interior que aproxima o indivíduo de Deus em toda a Sua plenitude: no homem, no animal, no vegetal, em a natureza, nas formas viventes ou não, através de um inter-relacionamento integrador que o plenifica e o liberta da ansiedade, da solidão, do medo. As suas aspirações não se fazem atormentadoras; não mais surge a solidão como abandono e desamor, e dilui-se o medo ante uma religiosidade que impregna a vida com esperança, alegria e fé. O germe divino cresce no interior do homem e expande-se, permitindo que se compreenda o conceito paulino, que ele já não vivia, "mas o Cristo" nele vivia.

A personalidade conflitante no jogo dos interesses da sociedade cede lugar à individualidade eterna e tranquila, não mais em disputa primária de ambições, e sim em realizações nas quais se movimenta. Os outros camuflam a sua realidade e vivem conforme os padrões, às vezes, detestados, que lhes são apresentados ou impostos pela sua sociedade. O grupo social, porém, rejeita-os, por sabê-los inautênticos, no entanto os aplaude, porque eles não incomodam os seus membros, fazendo-os *mesmistas*, iguais, despersonalizados, desestruturados. Por falta de uma consciência objetiva – conhecimento dos seus valores pessoais, controle das várias funções do seu organismo físico e emocional, definição positiva de atitudes perante a vida –, não têm a coragem ética de ser autênticos, padecendo conflitos a respeito do senso de responsabilidade e de liberdade, característico do amadurecimento, que se poderá denominar como uma virtude de longo curso. Não se trata da coragem de arrostar consequências pela própria temeridade, mas do valor para enfrentar-se a si mesmo, gerando um relacionamento saudável com as demais pessoas, repetindo com entusiasmo a experiência malsucedida, sem ataduras de remorso ou lamentação pelo fracasso. É saber retirar do insucesso os resultados positivos, que se podem transformar em alavancas para futuros empreendimentos, nos quais a decisão de insistir e realizar assumem altos níveis éticos, que se tornam desafios no curso do processo evolutivo.

Para que o ânimo robusto possa conduzir às lutas exteriores faz-se necessária a autoconquista, que torna o indivíduo justo, equilibrado, sem a característica ansiedade neurótica, reveladora do medo do futuro, da solidão, das dificuldades que surgem.

É preciso que o homem se *arrisque, se aventure,* mesmo que esta decisão o faça ansioso quanto ao seu desempenho, aos resultados. Ninguém pode superar a ansiedade natural, que faz parte da realidade humana, desde que não extrapole os limites, passando a conflito neurótico.

Por atavismo ancestral o homem nasce vinculado a uma crença religiosa, cujas raízes se fixam no comportamento dos primitivos habitantes da Terra. Do medo decorrente das forças desorganizadas das eras primeiras da vida, surgiram as diferentes formas de apaziguar a fúria dos seus responsáveis, mediante os cultos que se transformariam em religiões com as suas variadas cerimônias, cada vez mais complexas e sofisticadas. Das manifestações primárias com sacrifícios humanos até as expressões metafísicas, toda uma herança psicológica e sociológica se transferiu através das gerações, produzindo um natural sentimento religioso que permanece em a natureza humana.

Ao lado disso, considerando-se a origem espiritual do indivíduo e a Força Criadora do Universo, nele permanece o germe de religiosidade aguardando campo fecundo para desabrochar.

Expressa-se esse conteúdo intelecto-moral em forma de culto à Arte, à Ciência, à Filosofia, à Religião, numa busca de afirmação/integração da sua na Consciência Cósmica.

A força primitiva e criadora, nele existente como uma fagulha, possui o potencial de uma estrela que se expandirá com as possibilidades que lhe sejam facultadas. Bem direcionada, sua luz vencerá toda a sombra e se transformará na energia vitalizadora para o crescimento dos seus valores intrínsecos, no desdobramento da sua fatalidade, que são a vitória sobre si mesmo, a relativa perfeição que ainda não tem capacidade de apreender.

Na execução do programa religioso, a maioria das pessoas age por convencionalismo e conveniência, sem a coragem de assumir as suas convicções, receosas da rejeição do grupo. Adotam fórmulas do agrado geral, que foram úteis em determinados períodos do processo histórico e evolutivo da sociedade e, não obstante descubram novas expressões de fé e consolação, receiam ser consideradas alienadas, caso assumam as propostas novas que lhes parecem corretas, mas não usuais, e sim de profundidade.

Afirmou um monge medieval que todo aquele que "vive morrendo, quando morre não morre", porque o desapego, o despojar das paixões em cada *morrer diário,* liberta-o, desde já, até que, quando lhe advém a morte, ele se encontra perfeitamente livre, portanto, não morto, equivalente a vivo.

A religiosidade é uma conquista que ultrapassa a adoção de uma religião; uma realização interior lúcida, que independe do formalismo, mas que apenas se consegue através da coragem de o homem emergir da rotina e encontrar a própria identidade.

4
O HOMEM EM BUSCA DO ÊXITO

Insegurança e crises • Conflitos degenerativos da sociedade • O primeiro lugar e o homem indispensável

Insegurança e crises

Esboroam-se, sob os camartelos das revoluções hodiernas, os edifícios da tradição ultramontana, cedendo lugar às apressadas construções do desequilíbrio, sem memória ancestral, sem alicerce cultural.

Ruem, diante dos abalos da ciência tecnológica, o empirismo passadista e as obras da arbitrária dominação totalitária, substituídos pelo alucinar das novas maquinações de aventureiros desalmados, perseguindo suas ambições imediatistas a prejuízo da sociedade, do indivíduo.

A política desgovernada exibe os seus corifeus, que se fazem triunfadores de um dia, logo passando ao anonimato, repletos de gozos e valores perecíveis, a intoxicar-se nos vapores dos vícios e das perversões em que falecem os últimos ideais que ainda possuíam.

Os *direitos humanos* decantados em toda parte sofrem o vilipêndio daqueles que os deveriam defender, em razão do desrespeito que apresentam diante das leis por eles mesmos elaboradas, em desprezo flagrante às Instituições que se comprometeram a socorrer, por descrédito de si próprios.

A anarquia substitui a ordem, e as transformações sociais apressadas não têm tempo de ser assimiladas, porque substituídas pelos *modismos* que se multiplicam em velocidade ciclópica.

Velhos dogmas, nascidos e cultivados no caldo da ignorância, são esquecidos e nascem as ideias liberais revolucionárias, que instigam o homem fraco contra o seu irmão mais forte, gerando ódios, quando deveriam amansar o *lobo ameaçador,* a fim de que, pacificado, pudesse beber na mesma fonte com o *cordeiro sedento,* que lhe receberia proteção dignificadora.

As circunstâncias externas do inter-relacionamento das criaturas, fenômeno consequente ao desequilíbrio do indivíduo, engendram no contexto hodierno a insegurança, que fomenta as crises.

Sucedem-se, desse modo, as crises de autoridade, de respeito, de honradez, de valores ético-morais, e a desumanização da criatura assoma nos painéis do comportamento, insensibilizando-a pelo amolentamento emocional ou exacerbação, na volúpia do prazer e da violência conduzidos pelas ambições desmedidas.

As crises respondem pela desconfiança das pessoas, umas em relação às outras, pelo rearmamento belicoso de uns indivíduos contra os outros, pela agressividade automática e atrevida.

A queda do respeito que todos se devem, respeito este sem castração nem temor, estimula a indisciplina que começa na educação das gerações novas, relegadas a plano secundário, em que se cuidam de oferecer coisas, em mecanismos sórdidos de chantagem emocional, evitando-se dar amor, presença, companheirismo e orientação saudável.

A *crise de autoridade* responde pela corrupção em todas as áreas, sob a cobertura daqueles que deveriam zelar pelos bens públicos e administrá-los em favor da comunidade, pois que, para tal se candidataram aos postos de comando, sendo remunerados pelos contribuintes para este fim. Como efeito, os maus exemplos favorecem a desonestidade, discreta e pública, dos membros esfacelados do organismo social enfermo, preparando os bolsões de miséria econômica, moral, com todos os ingredientes para a rebelião criminosa, o assalto à mão armada, o apropriamento indébito dos bens alheios, a insegurança geral. O que se nega em compromisso de direito é tomado em mancomunação da força com o ódio.

Mesmo os valores espirituais do homem se apresentam em crise de pastores, e amigos, capazes de exercerem o ministério da fé religiosa com serenidade, sem separativismo, com amor, sem discórdia na grei, com fraternidade, sem disputas da primazia, sem *estrelismo*.

Nas várias escolas de fé espocam a rebelião, as disputas lamentáveis, a maledicência ácida ou o distanciamento formando quistos perigosos no corpo comunitário.

O homem apresenta-se doente, e a sociedade, que lhe é o corpo grupal, encontra-se desestruturada em padecimento total.

As crises gerais, que procedem da insegurança individual, são, por sua vez, responsáveis por mais altas e expressivas somas de desconforto, insatisfação, instabilidade emocional do homem, formando um círculo vicioso que se repete, sem aparente possibilidade de arrebentar as cadeias fortes que o constituem.

Vitimado por sucessivos choques desde o momento do parto, quando o ser é *expulso* do claustro materno, onde se encontrava em segurança, este enfrenta, desequipado, inumeráveis desafios que não logra superar. Chegando a idade adulta, ei-lo receoso, desestruturado para enfrentar a maquinaria insensível dos dias contemporâneos, em que a eletrônica e a robótica são conduzidas, porém, avançam, tomando o controle da situação e, lentamente, reduzindo-o a observador das respostas e imposições digitadas, apertando ou desligando controles e submetendo-se aos resultados preestabelecidos, sem emoção, sem participação pessoal nos dados recolhidos.

Noutras circunstâncias ou em estado fetal, experimenta os choques geradores de insegurança, no comportamento da gestante revoltada diante da maternidade não desejada e até mesmo odiada. O jogo de reações nervosas, as vibrações deletérias da revolta contra o ser em formação, atingem-lhe os delicados mecanismos psíquicos, desarmonizando os núcleos geradores do futuro equilíbrio, sob as chuvas de raios destruidores, que os afetam irreversivelmente.

O que o amor poderia realizar posteriormente e a educação lograr em forma de psicoterapia ficam à margem, sob os cuidados de pessoas remuneradas, sem envolvimento emocional ou interesse pessoal, produzindo marcas profundas de *abandono e solidão,* que ressurgirão como traumas danosos no desenvolvimento da personalidade.

A par dos fatores sociomesológicos, outras razões são preponderantes na área do comportamento inseguro, que são aquelas que procedem das reencarnações anteriores, malogradas ou assinaladas pelos golpes violentos que foram aplicados pelo Espírito em desconcerto moral, ou que os padeceu nas rudes pugnas existenciais.

Assinalando com rigor a manifestação da afetividade tranquila ou desconfiada, aquelas impressões são arquivadas no inconsciente profundo, graças aos mecanismos sutis do perispírito. O homem é um *ser inacabado,* que a atual existência deverá colaborar para o aperfeiçoamento a que se encontra destinado. Faltando-lhe os recursos favoráveis ao ajustamento, torna-se uma peça mal colocada ou inadaptada na complexidade da vida social, somando à sua a insegurança dos outros membros, assim favorecendo as crises individuais e coletivas.

Por desinformação ou fruto de um contexto imediatista-consumista, elaborou-se a tese de que a segurança pessoal é o resultado do *ter,* que se manifesta pelo *poder* e recebe a resposta na forma de *parecer.* Todos os mecanismos responsáveis pelo homem e sua sobrevivência se estribam nessas propostas falsas, formando uma sociedade de forma, sem profundidade, de apresentação, sem estrutura psicológica nem equilíbrio moral.

Trabalhando somente o exterior, relega-se, a plano secundário ou a nenhum, o sentido ético do ser humano, da sua realidade intrínseca, das suas possibilidades futuras, jacentes nele mesmo.

O homem deve ser educado para conviver consigo próprio, com a sua solidão, com os seus momentâneos limites e ansiedades, administrando-os em proveito pessoal, de modo a poder compartir emoções e reparti-las, distribuir conquistas, ceder espaços, quando convidado à participação em outras vidas, ou pessoas outras vierem envolver-se na sua área emocional.

Desacostumado à convivência psíquica consciente com os seus problemas, mascara-se com as fantasias da aparência e da posse, fracassando nos momentos em que se deve enfrentar, refletido em outrem que o observa com os mesmos conflitos e inseguranças. As uniões fraternais então se desarticulam, as afetivas se convertem em guerras surdas, o matrimônio naufraga, o relacionamento social sucumbe disfarçado nos encontros da balbúrdia, da extravagância, dos exageros alcoólicos, tóxicos, orgíacos, em mecanismos de fuga da realidade de cada um.

A educação, a psicoterapia, a metodologia da convivência humana devem estruturar-se em uma *consciência de ser,* antes de *ter;* de *ser,* em vez de *poder;* de *ser,* embora sem a preocupação de *parecer.*

Os valores externos são incapazes de resolver as crises internas, aliás, não poucas vezes, desencadeando-as.

O que o homem é, suas realizações íntimas, sua capacidade de compreender-se, as pessoas e o mundo; sua riqueza emocional e idealística, estruturam-no para os embates, que fazem parte do seu *modus vivendi e operandi,* neste processo incessante de crescimento e cristificação.

A coragem para os enfrentamentos, sem violência ou recuos, capacita-o para os logros transformadores do ambiente social, que deslocará para o passado a ocorrência das crises de comportamento, iniciando-se a era de construção ideal e de reconstrução ética, jamais vivida antes na sua legitimidade.

Os conceitos do poder e da força estão presentes na sistemática governança dos povos. Sempre os militares governaram mais do que os filosóficos, e o *poder* sempre esteve por mais tempo nas mãos dos violentos do que na sabedoria dos pacíficos, gerando as guerras exteriores, porque os seus apaniguados viviam em constantes guerras íntimas, inseguros, aguardando a traição dos fracos que, bajuladores, os rodeavam, e a audácia dos mais fortes, que lhes ambicionavam o poderio, terminando, quase todos, vítimas das suas nefastas urdiduras.

A segurança íntima conseguida mediante o autodescobrimento, a humanização e a finalidade nobre que se deve imprimir à vida são fatores decisivos para a eliminação das crises, porquanto, afinal, a descrença que campeia e o desconcerto que se generaliza são defluentes do homem moderno que se encontra em crise momentânea, vitimado pela insegurança que o aturde.

Conflitos degenerativos da sociedade

A crise de credibilidade, de confiança, de amor, instaura o estado conflitivo da personalidade que perde o roteiro, incapaz de definir o que é correto ou não, qual a forma de comportamento mais compatível com a época e, ao mesmo tempo, favorável ao seu bem-estar, anquilosando pessoas refratárias ao progresso nas ideias superadas, ou produzindo grupos rebeldes fadados à destruição, que se entregam à desordem, à contracultura, buscando sempre chocar, agredir.

Os grupos opostos se afastam, se armam e se agridem.

O homem ainda não aprendeu a ser solidário quando não concorda, preferindo ser solitário, ser opositor.

Certamente, a renovação é Lei da Vida.

A poda faculta o ressurgimento do vegetal.

O fogo purifica os metais, permitindo-lhes a moldagem.

A argila submete-se ao oleiro.

A vida social é resultado das alterações sofridas pelo homem, seu elemento essencial.

É necessário, portanto, que se dê a transformação, a evolução dos conceitos, o engrandecimento dos valores. Para tal fim, às vezes, é preciso que ocorra a demolição das estratificações, do arcaico, do ultrapassado. Lamentavelmente, porém, nesta ação demolidora, a revolta contra o passado, pretendendo apagar os vestígios do antigo, vai-lhe até as raízes, buscando extirpá-las.

O homem e a sociedade sem raízes não sobrevivem.

No começo, o paganismo greco-romano era uma bela doutrina, rica de símbolos e significados, caracterizando o processo psicológico da evolução histórica do homem. O abuso, mais tarde, fê-lo degenerar, e a Doutrina cristã se apresentou na forma de um corretivo eficaz, oportuno. A dosagem exagerada, porém, terminou por causar danos inesperados, no largo período da *noite medieval,* da qual algumas religiões contemporâneas ainda padecem os efeitos negativos.

O mesmo vem acontecendo com a sociedade que, para livrar-se das teias da hipocrisia, da hediondez, dos preconceitos, da vilania, da prepotência, elaborou os códigos da liberdade, da igualdade, da fraternidade, em lutas sangrentas, ainda não considerados além das formulações teóricas e referências bombásticas, sem repercussão real no organismo das comunidades humanas em sofrimento.

As recentes reações culturais contra a autenticidade da conduta têm produzido mais males que resultados positivos.

Em nome da evolução, sucedem-se as revoluções destrutivas que não oferecem nada capaz de preencher os espaços vazios que causam.

O Homem Integral

A insatisfação do indivíduo fustiga e perturba o grupo no qual ele se localiza, sendo expulso pela reação geral ou tornando-se um câncer em processo metastático. Facilmente o pessimista e o colérico contaminam os desatentos, passando-lhes o morbo do desânimo ou o fogo da irritação, a prejuízo geral.

Armam-se querelas desnecessárias, altera-se a filosofia dos partidos existentes, que se transferem para a agressividade, as acusações descabidas, sem trabalho à vista para a retificação dos erros, a reabilitação moral dos caídos, para o bem-estar coletivo.

Cada pequeno grupo dentro do grupo maior, sem consenso, busca atrapalhar a ação do adversário, mesmo quando benéfica, porque deseja demonstrar-lhe a falência, movido pelos interesses personalistas, em detrimento do processo de estabilidade e crescimento de todos.

O personalismo se agiganta, as paixões servis se revelam, o idealismo cede lugar à vileza moral.

A predominância do egoísmo em a natureza humana faz-se responsável pelo caos em volta, no qual os conflitos degenerativos da sociedade campeiam.

Surgem as plataformas frágeis em favor do grupo desde que sob o comando e a alternativa única doególatra, que alicia outros semelhantes, que se lhe acercam, igualmente ansiosos por sucessos que não merecem, mas que pleiteiam. Inseguros, incapazes de competir a *céu aberto,* honestamente, aguardam na furna da própria pequenez, por motivos verdadeiros ou não, para incendiarem o campo de ação alheia, longe dos objetivos nobres, porém reflexos dos seus estados íntimos conflituosos.

Não se tornam adversários leais, porque a inveja, antes, os fizera inimigos ocultos que aguardavam ensejo para desvelarem-se.

Em face das distonias pessoais de que são portadores, decantam a necessidade do progresso da sociedade e bloqueiam-no com a astúcia, a desarticulação de programas eficientes, antes de testados, atacando-os vilmente e aos seus portadores, a quem ferem pessoalmente, pela total impossibilidade de permanecerem no campo ideológico, já que não possuem idealismo.

Estimulam a dissensão, porque os seus conflitos não os auxiliam a cooperar, entretanto, os motivam a competir. Não podem trabalhar a favor, porque os seus estímulos somente funcionam quando se opõem.

Em razão da insegurança pessoal, desconfiam dos sentimentos alheios e provocam distúrbios que se originam em suspeitas injustificáveis, a soldo do prazer mórbido que os assinala.

O conflito íntimo é matriz cancerígena no organismo humano, em constante ameaça ao grupo social.

Cabe ao homem em conflito revestir-se de coragem, resolvendo-se pelo trabalho de identificação das possibilidades que dispõe, ora soterradas nos porões da personalidade assustada. Sentindo-se incapaz de enfrentar-se, a busca de alguém capacitado a apontar-lhe o rumo e ajudá-lo a percorrê-lo é tão urgente quão indispensável. Inúmeras terapias estão ao seu alcance, entre os técnicos da área especializada, assim como as da Psicologia Transpessoal apresentando-lhe a intercorrência de fatores paranormais e da Psicologia Espírita, aclarando-o com as luzes defluentes dos fenômenos obsessivos geradores dos problemas degenerativos no indivíduo e na sociedade.

O conglomerado social, por sua vez, tem o dever de auxiliar o homem em conflito, de ajudá-lo a administrar as suas fobias, ansiedades, traumas, e mesmo o de socorrê-lo nas expressões avançadas quando padecendo psicopatologias diversas, em ética de sobrevivência do grupo, pois que, do contrário, através do alijamento de cada membro, quando vier a ocorrência, desarticular-se-á o mecanismo de sustentação da grei.

A sociedade deve responder pelos elementos que a constituem, pelos conflitos que produz, assim como assume as glórias e conquistas dos felizardos que a compõem.

Os conflitos degenerativos da sociedade tendem a desaparecer, especialmente quando o homem, em se encontrando consigo mesmo, harmonize o seu cosmo individual (micro), colaborando para o equilíbrio do universo social (macro) no qual se movimenta.

O PRIMEIRO LUGAR E O HOMEM INDISPENSÁVEL

Na área dos conflitos psicológicos a competição surge, quase sempre, como estímulo, a fim de fortalecer a combalida personalidade do indivíduo que, carente de criatividade, apega-se às experiências exitosas que outros realizaram, para impor-se e, assim, enfrentar as próprias dificuldades, escamoteando-as com o esforço que se aplica na conquista do que considera meta de triunfo.

Ambicionando a realização pessoal e temendo o insucesso que, afinal, é um desafio à resistência moral e à sua perseverança no ideal, prefere disputar as funções e cargos à frente, sem qualquer escrúpulo, em luta titânica, na qual se desgasta, esperando compensações externas, monetárias e de promoção social, assim *massageando o ego,* ambicioso e frágil.

O homem que age desta forma está sempre um passo atrás da sua vítima provável, que de nada suspeita e ajuda-o, estimula-o até padecer-lhe a injunção ousada quão lamentável.

Por sua vez, o *triunfador* não se apercebe que, no degrau deixado vago, já alguém assoma, utilizando-se dos mesmos artifícios ou mascarando-os com os olhos postos no seu *trono passageiro.*

A competição saudável, em forma de concorrência, fomenta o progresso, multiplica as opções, abre espaços para todos que, criativos, propõem variações do mesmo produto, novidades, ideias originais, renovação de mercado.

De outra forma, as personalidades conflituosas, arquitetando planos de segurança, apegam-se ao trabalho que realizam, às empresas onde laboram, crendo-se indispensáveis, responsáveis pelo primeiro lugar que conseguiram com sacrifício, e transferem-se, psicologicamente, para a sua Entidade. Somente se sentem felizes e compensadas quando discutem o *seu* trabalho, a *sua* execução, a *sua* importância. O lar, a família, o repouso, as férias se descolorem, porque não preenchem as falsas necessidades do *ego* exacerbado. Respiram o clima de preocupação do trabalho em toda parte e vivem em função dele.

Sentem o triunfo após os anos de lutas exaustivas, e informam que a sua saída seria uma tragédia, um caos para a organização, já que são pessoas-chave, molas-mestras, sem as quais nada funciona, ou se tal se dá, é precariamente.

Não percebem que o tempo escoa na ampulheta das horas, os métodos de ação se renovam, o cansaço os vence, a vitalidade diminui e, no degrau, imediatamente inferior, já está o competidor, jovem ambicioso aguardando, disputando, aprendendo a sua técnica e mais bem equipado do que ele, em condições de substituí-lo com vantagens. A sua cegueira não lhes permite enxergar. Quando o observam, deprimem-se, revoltam-se contra os limites orgânicos inexoráveis, utilizando-se de artifícios para prosseguirem.

Dão-se conta de que passaram a ser constrangimento no trabalho, que pensavam pertencer-lhes, lamentando-se, queixando-se de "que deram a vida e agora colhem ingratidão". Certamente, os *homens indispensáveis* doaram a vida como fuga de si mesmos e ofereceram-na a um *ser sem alma, sem coração,* que apenas objetiva lucros, portanto, insensível, impessoal... Ali, os filhos substituem os pais, *expulsam-nos,* jovialmente, sob a alegação de que estes merecem o *justo repouso,* as *viagens de férias* que nunca tiveram; aposentam--nos. Livram a Empresa deles, de sua dominação, não mais condizente com os *tempos modernos.* Eles foram *bons e úteis* no começo, não mais agora, quando começam a *emperrar a máquina do progresso,* a impedirem, por inadaptação óbvia, o curso do crescimento e desenvolvimento da entidade...

Assim, chega o momento da realidade para o homem que ocupa o primeiro lugar, o indispensável. É convidado a solicitar a aposentadoria, quando não é jubilado sem maior consideração.

Surpreso, diz-se em condições de prosseguir. Afirma que ainda é jovem; quer trabalhar; dispõe de saúde... O silêncio constrangedor adverte-o de que não há mais outra alternativa. Ele foi usado como peça da engrenagem empresarial que, desgastada, deve ser substituída de imediato a benefício geral. Oportunamente, a benefício da organização, ele tomara a mesma atitude em relação a outros funcionários, que foram afastados.

A amargura domina-o, o ressentimento enfurece-o, e a frustração, longamente adiada, assoma e o conduz à depressão.

As interrogações sucedem-se. "E agora? Que fazer da vida, do tempo?".

Como não cultivou outros valores, outros interesses, arroja-se ao fosso da autodestruição, egoisticamente, esquecido dos familiares e amigos, afinal, aos quais nunca deu maior importância nem valorização. Afasta-se mais do convívio social, e, não raro, suicida-se, direta ou indiretamente. A empresa não lhe sente a falta, prossegue em funcionamento.

Somente quem realizou uma boa estrutura de personalidade, enfrenta com razoável tranquilidade o choque de tal natureza, para o qual se preparou, antevendo o futuro e programando-se para enfrentá-lo, transferindo-se de uma ação para outra, de uma empresa para um ideal, de uma máquina para um grupamento humano respirável, emotivo, pensante.

Ninguém é indispensável em lugar nenhum. O primeiro de agora será dispensável amanhã, assim como o último de hoje, possivelmente, estará no comando no futuro. A morte, a cada momento, demonstra-o.

A polivalência das aspirações é reflexo de normalidade, de equilíbrio comportamental, de harmonia da personalidade, convidando o homem a buscar sempre e mais.

A desincumbência do dever reflete-lhe o valor moral e a nobreza da sua consciência. Segurar as rédeas da dominação em suas *mãos fortes* denota insegurança íntima, crise de conduta.

O Homem Integral

O homem tem o dever de abraçar ideais de enobrecimento pessoal e grupal, participar, envolver-se emocionalmente, fazer-se presente na comunidade, como complemento da sua conduta existencial.

A criatura terrena está em viagem pela Terra, e todo trânsito, por mais demorado, sempre termina. Ninguém se engane e não engane a outros.

Uma autoanálise cuidadosa, uma reflexão periódica a respeito dos valores reais e aparentes, a meditação sobre os objetivos da vida concedem pautas e medidas para a harmonia, para o êxito real do ser.

A finalidade da existência corporal é a conquista dos valores eternos, e o êxito consiste em lograr o equilíbrio entre o que se *pensa ter* e o que se *é realmente,* adquirindo a estabilidade emocional para permanecer o mesmo, na alegria como na tristeza, na saúde conforme na enfermidade, no triunfo qual sucede no fracasso.

Quem consiga a ponderação para discernir o caminho, e o percorra com tranquilidade, terá começado a busca do êxito que, logo mais, culminará com alegria.

5
DOENÇAS CONTEMPORÂNEAS

O CONCEITO DE SAÚDE • OS COMPORTAMENTOS NEURÓTICOS • DOENÇAS FÍSICAS E MENTAIS • A TRAGÉDIA DO COTIDIANO • O HOMEM MODERNO

O CONCEITO DE SAÚDE

Lexicamente, "saúde é o estado do que é são, do que tem as funções orgânicas regulares". A Organização Mundial de Saúde elucida que a falta de doença não significa necessariamente um estado de saúde, antes, porém, esta resulta da harmonia de três fatores essenciais, a saber: bem-estar psicológico, equilíbrio orgânico e satisfação econômica, assim contribuindo para uma situação saudável do indivíduo.

Num período de transição e mudança brusca da escala dos valores convencionais, com a inevitável irrupção dos excessos geradores da anarquia, a saúde tende a ceder espaço a conflitos emocionais, desordens orgânicas e dificuldades econômicas, propiciando o surgimento de patologias complexas no homem.

A sociedade enferma perturba-o, e este, desajustado, piora o estado geral do grupo.

O sentido de dignidade pessoal, nesta situação, é substituído pela astúcia e pelo prazer, proporcionando distonias emocionais que facultam a instalação de enfermidades orgânicas de variada procedência.

Abstraindo-se destas últimas, aquelas que são originadas por germes, bacilos, vírus e traumatismos, multiplicam-se as de ordem psicológica, que se avolumam nos dias atuais.

O homem teima por ignorar-se. Assume atitudes contraditórias, vivendo comportamentos estranhos. Prefere deixar que os acontecimentos tenham curso, às vezes, desastroso, a conduzi-los de forma consciente.

Os dias se sucedem, sem que ele dê-se conta das suas responsabilidades ou frua dos seus benefícios em uma atitude lúcida, perfeitamente compatível com as conquistas contemporâneas.

Surpreendido, no entanto, pela doença e pela morte, desperta assustado, sem haver vivido, estranhando-se a si mesmo e descobrindo tardiamente que não se conhecia. Foi um estranho, durante toda a existência, inclusive a ele próprio.

A saúde, entretanto, fá-lo participativo, membro atuante do grupo social, desperto e responsável na luta com que se enriquece de beleza e alegria, assumindo posições de vigor e segurança íntima, que lhe constituem prêmio ao esforço desenvolvido.

A falta de saúde, que se generaliza, conduz a mente lúcida a um diagnóstico pessimista, o que não significa ser desesperador.

Em tal situação, por falta de outra alternativa, o homem enfrenta a dificuldade, por ser pensante, e altera o quadro, impulsionado ao avanço, a aceitar os desafios.

Deixa de fugir da sua realidade, descobre-se e trabalha para alcançar etapas mais lúcidas no seu desenvolvimento emocional, pessoal.

Quem se resolve, porém, pela submissão autodestrutiva, não merece o envolvimento respeitoso de que todos são credores diante dos combatentes, porquanto, deixando de investir esforços, abandona a sua dignidade de ser humano e prefere o esfacelamento das suas possibilidades como sendo o seu *agradável estado de saúde,* certamente patológico.

A saúde produz para o bem e para o progresso da sociedade, sem compaixão pelos mecanismos de evasão e pieguismos comportamentais vigentes.

Realizadora, propele a vida para as suas cumeadas e vitórias, sem parada nas baixadas desanimadoras.

Os comportamentos neuróticos

Produtos do inconsciente profundo a se manifestarem como comportamentos neuróticos, os fatores psicogênicos têm suas raízes na conduta do próprio paciente em reencarnações passadas, nas quais se desarmonizou interiormente. Fosse mediante conflitos de consciência ou resultados de ações ignóbeis, os mecanismos propiciadores da reabilitação íntima imprimem no inconsciente atual as *matrizes* que se exteriorizam como dissociações e fragmentações da personalidade, alucinações, neuroses e psicoses.

Ínsitas no indivíduo, essas causas endógenas se associam às outras, de natureza exógena, tornando-se desagregadoras da individualidade vitimada pelas pressões que experimenta.

As pressões de qualquer natureza são decisivas para estabelecer o clima comportamental da criatura.

Por formação antropológica, em luta renhida contra os fatores compressivos e adversários, o homem aspira pela liberdade. Todos os seus esforços convergem para uma atitude, uma atuação, um movimento, livres de empeços, de detenções, de aprisionamento.

As pressões que lhe limitam os espaços emocionais e físicos aturdem-no, dando margem a evasões, agressividade, disfarces e violências, através dos quais tenta escamotear o seu estado real. Isto, quando não tomba na depressão, no pessimismo.

Vivendo sob estímulos, faculta-os à sociedade, que progride e age conforme as energias que os constituem.

Quando estes estímulos são emuladores à felicidade, eis o homem atuante e encorajado, trabalhando pelo progresso próprio e geral, mediante um comportamento otimista. No sentido oposto, quase nunca se motiva à reação, para ascender aos sentimentos ideais que promovem a vida, libertando-se das constrições naturalmente transitórias.

Equivocado quanto aos referenciais da existência, deixa-se imbuir pelas sensações da posse, do prazer fugidio, caindo em depressões, seja pela constituição psicológica fragmentária ou porque estabelece como condição de triunfo a aquisição das coisas que se podem amealhar e perdem o valor, quando se não possui o essencial, que é a capacidade de administrá-las, não se lhes submetendo ao jugo enganoso.

Assim, apresentam-se os que se creem infelizes porque *não têm* e os que se fazem desditosos porque *tendo,* não se contentam em face da ausência da plenitude interior.

O mito da ambição do rei Midas, que tudo quanto tocava se convertia em ouro, causa da sua felicidade e desgraça, tem atualidade no comportamento neurótico dos possuidores-possuídos.

A experiência, no entanto, fazendo a pessoa aprofundar-se na consciência dos valores, altera-lhe o campo de compreensão, favorecendo o entesouramento do equilíbrio. Todavia, tal ocorrência é resultado da luta que deve ser travada sem cessar.

Assim, a saúde psicológica decorre da autoconsciência, da libertação íntima e da visão correta que se deve manter a respeito da vida, das suas necessidades éticas, emocionais e humanas.

O comportamento neurótico, assustador e predominante na sociedade consumista, procura esconder o desajuste e as fobias do homem contemporâneo, que se afunda em mecanismos patológicos.

Receando ser ele mesmo, torna-se pessoa-espelho a refletir as conveniências dos outros, ou homem-parede a reagir contra todas as vibrações que lhe são dirigidas, antes de as examinar.

"Agredir antes, evitando ser agredido" é a filosofia dos fracos, fechando-se no círculo apertado dos receios e da não aceitação dos outros, forma neurótica de ocultar a não aceitação de si mesmo.

São raros aqueles que preferem ser homens-pontes, colocados entre extremos para ajudarem, facilitarem o trânsito, socorrerem nos abismos existenciais...

O espírito de competição neurotizante, vigente e estabelecido como fomentador das riquezas, deve ceder lugar ao de cooperação, responsável pela solidariedade e pela paz, humanizando a sociedade e tornando a pessoa bem identificada.

Competir não é negativo, desde que tenha por meta progredir, e não vencer os outros; porém, superar-se cada vez mais, desenvolvendo capacidades latentes e novas na individualidade. Competir, todavia, para derrubar quem está à frente, em cima, é atitude neurótica, inconformista, invejosa, que abre brecha àquele que vem atrás e repetirá a façanha em relação ao aparente vencedor atual. Tal atitude responde pela insegurança que domina em todas as áreas do relacionamento social.

Da mesma forma, deixar-se viver sem aventurar-se, no bom sentido do termo, como se transitasse em um sonho cujos acontecimentos inevitáveis se dão sem qualquer ingerência da pessoa, é uma atitude patológica, irracional, em se considerando a capacidade de discernimento e a de realização que caracteriza a criatura humana.

O homem-ação de equilíbrio gera os fatores do próprio desenvolvimento, abandonando o conformismo neurótico, a fim de comandar o destino sempre maleável a injunções novas e motivadoras.

Os seres humanos têm as suas matrizes em a natureza, com a qual devem manter um relacionamento saudável, em vez de evitá-la. Sendo partes integrantes dela, não se devem alienar, antes buscar-lhe a cooperação e auxiliá-la num intercâmbio de energias vigorosas, com o que sairão da *gaiola* particular onde se ocultam e se acautelam.

Há personalidades neuróticas que a temem, receosas de serem absorvidas pela sua grandiosidade e dando às suas expressões – céus, montanhas, mares, florestas etc. – determinados tipos de projeções humanas, poderosas e devoradoras. Assim, anulam-na, *matando-a* no seu consciente através da negação da sua necessidade.

Os comportamentos neuróticos são desgastantes, extrapolando os limites das resistências orgânicas, que passam a somatizá-los, abrindo campo para várias enfermidades que poderiam ser evitadas.

Doenças físicas e mentais

A expressiva soma de enfermidades físicas e mentais atesta que o homem é um ser *inacabado*. A sua estrutura orgânica aprimorada nos milênios da evolução antropológica, ainda padece a fragilidade dos elementos que a constituem.

Vulnerável a transformações degenerativas, é tecido que reveste o psiquismo e que através dos seus neurônios cerebrais se exterioriza, afirmando-lhe a preexistência consciencial, independente das moléculas que constituem a aparelhagem material.

A *consciência,* na sua realidade, é fator extrafísico, não produzido pelo cérebro, pois que possui os elementos que se consubstanciam na forma que se lhe torna necessária à exteriorização.

Essa energia pensante, preexistente e sobrevivente ao corpo, evolve através das experiências reencarnacionistas, que lhe constituem processo de aquisição de conhecimentos e sentimentos, até lograr a sabedoria. Como consequência, faz-se herdeira de si mesma, utilizando-se dos recursos que amealha e deve investir para mais avançados logros, etapa a etapa.

Em razão disso, podemos repetir que somente "há doenças, porque há doentes", isto é, a doença é um efeito de distúrbios profundos no campo da energia pensante ou Espírito.

As suas resistências ou carências orgânicas resultam dos processos da organização molecular dos equipamentos de que se serve, produzidos pela ação da necessidade pensante.

O psicossoma organiza o soma necessário à viagem, breve no tempo, para a individualidade espiritual.

As doenças orgânicas se instalam em decorrência das necessidades cármicas que lhe são inerentes, convocando o ser a reflexões e reformulações morais proporcionadoras do reequilíbrio.

Nas patologias congênitas, o psicossoma impõe os fatores cármicos modeladores necessários à evolução, sob impositivos que impedem, pelos limites e injunções difíceis, a reincidência no fracasso moral.

Assim considerando, à medida que a Ciência se equipa e soluciona patologias graves, criando terapias preventivas e proporcionando recursos curativos de valor, surgem novas doenças, que passam a constituir-se tremendos desafios. Isto se dá, porque, à evolução tecnológica e científica da sociedade não se apresenta, em igual correspondência, o mecanismo de conquistas morais.

O homem conquista o exterior e perde-se interiormente. Avança na horizontal do progresso técnico sem o logro da vertical ética. No inevitável conflito que se estabelece – comodidade e prazer, sem harmonia interna nem plenitude – desconecta os centros de equilíbrio e abre-se favoravelmente a agentes agressores novos, aos quais *dá vida* e que lhe desorganizam os arquipélagos celulares.

Outrossim, as tensões, frustrações, vícios, ansiedades, fobias facultam as distonias psíquicas que são somatizadas aos problemas orgânicos, ou estes e suas sequelas dão surgimento aos tormentos mentais e emocionais.

Todo equipamento para funcionar em harmonia com ajustamento para as finalidades a que se destina, exige perfeita eficiência de todas as peças que o compõem.

O Homem Integral

Da mesma forma, a maquinaria orgânica depende dos fluxos e refluxos da energia psíquica; e esta, por sua vez, das respostas das diversas peças que aciona. Nessa interdependência, a vibração mental do homem é-lhe propiciadora de equilíbrio ou distonia, conscientemente ou não. Sabendo canalizar-lhe a corrente vibratória, organiza e submete os implementos físicos ao seu comando, produzindo efeitos de saúde, por largo período, não indefinidamente, em face da precariedade dos elementos construídos para o uso transitório.

As doenças contemporâneas, substituindo algumas antigas e somando-se a outras não debeladas ainda, enquadram-se no esquema do comportamento evolutivo do ser, no seu processo de harmonização interior, de deificação.

Na sua essência, a energia pensante possui os recursos divinos que deve exteriorizar. Para tanto, à semelhança de uma semente, somente quando submetida à germinação faculta a eclosão dos seus extraordinários elementos até então adormecidos ou *mortos*. A *morte* da forma desata-lhe a *vida* latente.

A mente equilibrada comandará o corpo em harmonia e, nesse intercâmbio, surgirá a saúde ideal.

A TRAGÉDIA DO COTIDIANO

Os conteúdos psicológicos do homem hodierno são de aturdimento, instabilidade emocional, insegurança pessoal, levando-o à perda do *senso trágico*.

Desestruturados pelos choques comportamentais e esmagados pelo volume das informações impossíveis de serem digeridas, as massas *eliminam arquétipos* ou os transferem para indivíduos imaturos portadores de fragilidade psicológica, aterrando-os, soterrando-os, na avalanche das necessidades mescladas com os conflitos existenciais.

Simultaneamente, desaparecem os mitos ancestrais individuais, e a cultura devoradora investe contra os outros, os coletivos, deixando as criaturas desprotegidas das suas crenças, dos seus apoios psicológicos.

A *fé cega,* substituída pela *ditadura da razão,* destruiu ou substituiu os mitos nos quais se sustentavam os homens, apresentando outros, igualmente frágeis, que novamente sofrem a agressão dos valores contemporâneos.

A consciência coletiva, herdeira do choque dos opostos, do ser e do não ser, da coragem e do medo, do homem e da mulher, não sobrevive sem a segurança mítica.

Os seus arquétipos, multimilenarmente estruturados na convicção mitológica, alternam a forma de sobrevivência, transferindo-se os mitos deificados, porém sobreviventes, na sua profundidade psicológica, a todos os golpes mortais que lhe foram desferidos através dos tempos.

Ressuscitam, não obstante, disfarçados em novos modelos, porém, ainda dominadores, prometendo glórias e castigos, prazeres e frustrações aos seus apaniguados, conforme o *culto* que deles recebam.

Assim, ao lado da violência que se espraia dominadora, vicejam religiões apressadas, salvadoras, na sua ingenuidade mítica, arrastando multidões desprevenidas e sem esclarecimento que, fracassadas, no contubérnio social, ali se refugiam, cultuando o paraíso eterno que lhes está reservado como prêmio ao sofrimento e ao desprezo de que se sentem objeto pela cultura consumista e desalmada.

A autorrealização pelo fanatismo mantém os bolsões de miséria socioeconômica, por não trabalhar o idealismo latente no homem, a fim de que transforme os processos geradores da desgraça atual em realização pessoal e felicidade, na Terra mesmo.

De certa maneira, o arrebanhar das multidões para as crenças salvadoras diminui, de alguma forma, o volume da violência, que irrompe, paralelamente, porquanto, sem o mito da *salvação pela fé,* toda essa potencialidade seria canalizada na direção da agressividade destruidora.

A *agressividade salvacionista* a que dá lugar, embora os prejuízos éticos e sociais que engendra, acalma os conteúdos psicológicos, desviando os sujeitos dos crimes que poderiam cometer.

O mito da violência, por sua vez, nascido nos porões do submundo da miséria socioeconômica-moral e graças à eclosão das drogas em uso abusivo, engendra o símbolo da força, do poder, do *estrelismo,* no campeonato da aventura e da bravata, exibindo as heranças atávicas da animalidade primitiva ainda predominante no homem.

Toma-se pela força o que deveria ser dado pela fraternidade, através do equilíbrio da justiça social e dos deveres humanos, em solidário empenho pela promoção dos indivíduos, dignos de todos os direitos à vida que apenas alguns desfrutam.

A *tragédia do cotidiano* se apresenta nas mil faces da violência que se mescla ao comportamento geral, muitas vezes disfarçando-se até em formas de submissão rebelde e humildade-humilhante, que descarregam suas frustrações adquiridas ao lado dos mais fortes, no dorso desprotegido dos mais fracos.

Os conteúdos psicológicos, mantenedores do equilíbrio, fragmentam-se ao choque do cotidiano agitado e desestruturam o homem que se asselvaja, ou foge para a furna sombria da alienação, considerando-se incapaz de enfrentar a convivência difícil do grupo social, igualmente superficial, interesseiro, despreparado para a conjuntura vigente.

Graças a isso, os indivíduos fracassam ou enfermam, atritam ou debandam enquanto os crédulos ressuscitam os mitos das velhas crendices de *males feitos,* de *perseguições da inveja,* do *ciúme* e do *despeito,* ou arregimentam argumentos destituídos de lógica para *explicarem* as ocorrências malsucedidas, danosas...

Certamente, sucedem tais perseguições; busca-se o malfazer; campeiam as paixões inferiores que são pertinentes ao homem, ainda em estágio infantil da sua evolução, sem que seja mau.

A sua aparente maldade resulta dos *instintos agressivos* ainda não superados, que lhe predominam em a *natureza animal,* em detrimento da sua *natureza espiritual.*

Em toda e qualquer *tragédia do cotidiano,* ressaltam os componentes psicológicos encarregados da desestruturação do homem, nesse *processo de individuação* para adquirir uma consciência equilibrada, capaz de proporcionar-lhe paz, saúde, realização interior, gerando, no grupo social, o equilíbrio entre os contrários e a satisfação real da convivência não competitiva, no entanto cooperativa.

O HOMEM MODERNO

Buscando enganar a sua realidade mediante a própria fantasia, o homem moderno procura a projeção da imagem sem o apoio da consciência. Evita a reflexão esclarecedora, que o pode desalgemar dos problemas, e permanece em contínuas tentativas de negar-se, mascarando a sua individualidade. O *ego* exerce predominância no seu comportamento e estereotipa fantasias que projeta no espelho da imaginação.

Irrealizado, porque fugindo do enfrentamento com o seu Eu, transfere-se de aspirações e cuidados a cada novidade que depara pelo caminho. Não dispõe de decisão para desmascarar o *ego*, por temer petrificar-se de horror, qual se aquele fosse uma nova Medusa, que Perseu, e apenas ele, venceu, somente porque a fez contemplar-se no escudo espelhado que lhe dera Atena...

Obviamente, esse espelho representa a consciência lúcida, que descobre e separa objetivamente o que é real daquilo que apenas parece. Nesse sentido, o *ego*, que vive e reincide nos conteúdos inconscientes, necessita de conscientizar-se, desidentificando-se dos seus resíduos emergentes.

O homem vive na área das percepções concretas e, ao mesmo tempo, das abstratas.

A cultura da arte faz que ele se porte, ora como observador, ora como observado e ainda o observador que se observa, a fim de poder transformar os complexos ou conflitos inconscientes em conhecimentos que possa conduzir, senhor da sua realidade, dos seus atos.

Sua meta é poder sair da agitação, na qual se desgoverna, para observar-se, a distância, evitando o sofrimento macerador.

A este ato chamaremos a separação necessária entre o sujeito e o objeto, através da qual se observam os acontecimentos sem os sofrer de forma dilacerante, modificando o estado de ânimo angustiante para uma simples expressão do conhecimento, mediante a transferência da realidade que jaz no Espírito para o exterior das formas e da emoção.

A reflexão constitui um admirável instrumento para o logro, apoiando-se na cultura e na realização artística, social, solidária, que desvela os mananciais de sentimento e de consciência humanos.

Jogado em um mundo exterior agressivo, no qual predominam a luta pela sobrevivência do corpo e a manutenção do *status,* o homem acumula conteúdos psíquicos não descartáveis nem digeríveis, avançando, apressado, para o *stress,* as neuroses, as alienações.

Acumula coisas e valores que não pode usar e teme perder, ampliando o campo do querer, mais pelo receio de possuir de forma insuficiente, sem dar-se conta da necessidade de viver bem consigo mesmo, com a família e os amigos, participando das maravilhosas concessões da vida que lhe estão ao alcance.

A mensagem de Jesus é uma oportuna advertência para essa busca insana, quando Ele recomenda que "não se ande, pois, ansioso pelo dia de amanhã, porque o dia de amanhã a si mesmo trará seu cuidado; ao dia bastam os seus próprios males".[1]

Comedir-se, agir com sensatez e tranquilidade, confiar nos próprios valores e nas possibilidades latentes são regras que vão ficando esquecidas, a prejuízo da harmonia pessoal dos indivíduos.

Os interesses competitivos postos em jogo, a aflição por vencer os outros, o sobrepor-se às demais pessoas, desarticularam as propostas da vitória do homem sobre si mesmo, da sua realização interior, da sua harmonia diante dos problemas

---

1. Mateus, 6:34 (nota da autora espiritual).

que enfrenta. As linhas do comportamento alteradas, induzindo ao exterior, devem agora ser revisadas, sugerindo a conduta para o conhecimento dos valores reais, a redescoberta do sentido ético da existência, a busca da sua imortalidade.

Quando o homem moderno passar a considerar a própria imortalidade em face da experiência fugaz do soma, empreenderá a viagem plenificadora de trabalhar pelos projetos duradouros em detrimento das ilusões temporárias, observando o futuro e vivendo-o desde já, empenhado no programa da sua conscientização espiritual. Nele se insculpirá, então, o modelo da realização em um ser integral, destituído do medo da vida e da morte, da sombra e da luz, do transitório e do permanente, da aparência e da realidade.

6
MATURIDADE PSICOLÓGICA

MECANISMOS DE EVASÃO • O PROBLEMA DO ESPAÇO •
A RECONQUISTA DA IDENTIDADE • TER E SER • OBSERVADOR,
OBSERVAÇÃO E OBSERVADO • O DEVIR PSICOLÓGICO

MECANISMOS DE EVASÃO

A larga infância psicológica das criaturas é dos mais graves problemas na área do comportamento humano. Habituada, a criança, a ter as suas necessidades e anseios resolvidos, imaturamente, pelos adultos – pais, educadores, familiares, amigos – ou apenas atendidos pela violência do clã e da sociedade, nega-se a crescer, evitando as responsabilidades que enfrentará.

No primeiro caso, porque tudo lhe chega às mãos de forma fácil, dilata o período infantil, acreditando que a vida não passa de um joguete e o seu estágio egocêntrico deve permanecer, embora a mudança de identidade biológica, de que mal se dá conta.

Mimada, acomoda-se a exigir e ter, recusando-se o esforço bem dirigido para a construção de uma personalidade equilibrada, capaz de enfrentar os desafios da vida, que lhe chegam, a pouco e pouco.

Acreditando-se credora de todos os direitos, cria mecanismos inconscientes de evasão dos deveres, reagindo a eles pelas mais variadas como ridículas formas de atitude, nas quais demonstra a prevalência do período infantil.

No segundo caso, sentindo-se defraudada pelo que lhe foi oferecido com má vontade e azedume ou sistematicamente negado, a criança se transfere de uma para outra faixa etária, sem abandonar as sequelas da sua castração, buscando realizar os desejos sufocados, mas vivos, quando lhe surja a oportunidade.

Em ambos os acontecimentos, o desenvolvimento emocional não corresponde ao físico e ao intelectual, que não são afetados pelos fenômenos psicológicos da imaturidade.

Excepcionalmente, pode suceder que o alargamento do período infantil, por privação dos sentimentos e pelas angústias, produza distúrbios na saúde física como na mental, gerando dilacerações profundas, difíceis de sanadas.

Na generalidade, porém, o que sucede são as apresentações de adulto susceptível, medroso, instável, ciumento, que não superou a *crise da infância*, nela permanecendo sob conflitos lastimáveis.

As figuras domésticas representadas pelo pai e pela mãe permanecem em atividade emocional, no inconsciente, resolvendo os problemas ou atemorizando o indivíduo, que se refugia em mecanismos desculpistas para não lutar, mantendo-se distante de tudo quanto possa gerar decisão, envolvimento responsável, enfrentamento.

Fugindo das situações que exigem definição, parte para as formulações e comportamentos parasitas, buscando amparo nas pessoas que considera fortes e são eleitas como seus heróis ou seus superiores, porquanto, tudo que elas empreendem se apresenta coroado de êxito.

Não se dá conta da luta que travam, das renúncias e sacrifícios que se impõem. Esta parte não lhe interessa, ficando propositadamente ignorada.

Como efeito cresce-lhe a área dos conflitos da personalidade, com predominância da autocompaixão, num esforço egoísta de receber carinho e assistência, sem a consciência da necessidade de retribuição.

Não lhe amadurecendo os sentimentos da solidariedade e do dever, crê-se merecedor de tudo, em detrimento do esforço de ser útil ao próximo e à comunidade, esquecendo-se das falsas necessidades para tornar-se elemento de produção em favor do bem geral.

Instável emocionalmente, ama como fuga, buscando apoio, e transfere para a pessoa querida as responsabilidades e preocupações que lhe são pertinentes, tornando o vínculo afetivo insuportável para o eleito.

Outras vezes, a imaturidade psicológica reage pela forma de violência, de agressividade, decorrentes dos caprichos infantis que a vida, no relacionamento social, não pode atender.

Uma peculiar insensibilidade emocional domina o indivíduo, que se desloca, por evasão psicológica, do ambiente e das pessoas com quem convive, poupando-se a aflições e somente considerando os próprios problemas, que o comovem, ante a frieza que exterioriza quando em relação aos sofrimentos do próximo.

O homem nasceu para a autorrealização, e faz parte do grupo social no qual se encontra, a fim de promovê-lo, crescendo com ele. Os problemas devem constituir-lhe meio de desenvolvimento, em razão de serem-lhe estímulos-desafios, sem os quais o tédio se lhe instalaria nos painéis da atividade, desmotivando-o para a luta.

Desse modo, são parte integrante da estruturação mental e emocional, responsáveis pelos esforços do próximo e do grupo em conjunto, para a sobrevivência de todos.

O solitário é prejuízo e dano na economia social, perturbando a coletividade.

Fatores que precedem ao berço, presentes na historiografia do homem, decorrentes das suas existências anteriores, situam-no, no curso dos renascimentos, em lares e junto aos pais de quem necessita, a fim de superar as dívidas, desenvolver os recursos que lhe são inerentes e lhe estão adormecidos, dando campo à fraternidade que deve viger em todos os seus atos.

Assim, cumpre-lhe libertar-se da *infância psicológica,* mediante as terapias competentes, que o desalgemam dos condicionamentos perniciosos, ao mesmo tempo trabalhando-lhe a vontade, para assumir as responsabilidades que fazem parte de cada período do desenvolvimento físico e intelectual da vida.

Partindo de decisões mais simples, o exercício de ações responsáveis, nas quais o insucesso faz parte dos empreendimentos, o homem deve evitar os mecanismos de evasão, assim como as justificativas sem sentido, tais: *não tenho culpa, não estou acostumado, nada comigo dá certo,* aí ocultando a sua realidade de aprendiz, para evitar as outras tentativas que certamente se farão coroar de êxitos.

A experiência do triunfo é lograda através de sucessivos erros. O acerto, nos primeiros tentames, não significa a segurança de continuados resultados positivos.

Em todas as áreas do comportamento estão presentes a glória e o fracasso, como expressões do mesmo empreendimento.

A fixação de qualquer aprendizagem dá-se mediante as tentativas frustradas ou não. Assim, vencer o desafio é esforço que resulta da perseverança, da repetição, sem enfado nem cansaço.

Toda fuga psicológica contribui para a manutenção do medo da realidade, não levando a lugar algum. Mediante sua usança, aumentam os receios de luta, complicam-se os mecanismos de subestima pessoal e desconsideração pelos próprios valores.

O homem, no entanto, possui recursos inesgotáveis que estão ao alcance do esforço pessoal.

Aquele que se demora somente na contemplação do que deve fazer, porém, não se anima a realizá-lo, perde excelente oportunidade de desvendar-se, desenvolvendo as capacidades adormecidas que o podem brindar com segurança e realização interior.

Todo o esforço a ser envidado, em favor da libertação dos mecanismos de fuga, contribui para apressar o equilíbrio emocional, o amadurecimento psicológico, de modo a assumir a sua humanidade, que é a característica definidora do indivíduo: sua memória, seus valores, seus atos, seu pensamento.

A fuga, portanto, consciente ou não, no comportamento psicológico, deve ser abolida, por incondizente com a Lei do Progresso, sob a qual todas as pessoas se encontram submetidas pela fatalidade da evolução.

O PROBLEMA DO ESPAÇO

O espaço é de vital importância para a movimentação dos seres, especialmente do homem.

Experiências de laboratório demonstram que, em uma área circunscrita, na qual convivem bem alguns exemplares de ratos, à medida que aumenta o seu número, neles se manifesta a agressividade, até o momento em que, tornando-se mínimo o espaço para a movimentação, os roedores lutam, dominados por violenta ferocidade que os leva a dizimar-se.

Graças a isto, nas cidades e lugares outros superpopulosos, o respeito pela criatura e à propriedade desaparece, aumentando, progressivamente, a violência e o crime, que se dão as mãos, em explosões de sandices inimagináveis.

A diminuição do espaço retira a liberdade, diminuindo-a, na razão do volume daqueles que o ocupam, o que dá margem à promiscuidade no relacionamento das pessoas, com o consequente desrespeito entre elas mesmas.

Inconscientemente, a preservação do espaço se torna um direito de propriedade, que adquire valores crescentes em relação à sua escassez e localização.

O homem, como qualquer outro animal, luta com todas as forças e por todos os meios para a manutenção da sua posse, a dominação do espaço adquirido, e, às vezes, pelo que gostaria de possuir, tombando nas ambições desmedidas, na ganância.

No relacionamento social, cada indivíduo é cioso dos seus direitos, do seu espaço físico e mental, da sua integridade, da sua intimidade, zelando pela independência de ação e conduta nestas áreas comportamentais.

Quando os sentimentos afetivos irrompem, e ele deseja repartir a sua liberdade com a pessoa amada, naturalmente espera compartir dos valores que ela possui, numa substituição automática daquilo que irá ceder. Trata-se de uma concessão-recepção, gerando uma ação cooperativista.

A princípio, o encantamento ou a paixão substitui a razão, quebrando um hábito arraigado, sem chance de preenchê-lo por um novo, que exige um período de consciente adaptação para uma convivência agradável, emocionalmente retributiva. Apesar disso, ficam determinados bolsões que não podem ou não devem ser violados, constituindo os remanescentes da liberdade de cada um, o *reino inconquistado* pelo alienígena.

Nos relacionamentos das pessoas imaturas, os espaços são, de imediato, tomados e preenchidos, tornando a convivência asfixiante, insuportável, logo passam as explosões do desejo ou os artifícios da novidade.

Surgem, nesse período, as discussões por motivos fúteis, que escamoteiam as causas reais, nascendo as mágoas e rancores que separam os indivíduos e, às vezes, os arruínam.

Nas afeições das pessoas amadurecidas psicologicamente, não há predominância de uma vontade sobre a do outro, porém, um bom entrosamento que sugere a eleição da sugestão melhor, sem que ocorra a governança de uma por outra vida, que a submetendo aos seus caprichos comprime-a, estimulando as reações de malquerença silenciosa que explodirá, intempestivamente, em luta calamitosa.

Por isto mesmo, o afeto conquista sem se impor, deixando livres os espaços emocionais, que substituem os físicos cedidos, ampliando-se os limites da confiança, que permite o trânsito tranquilo na sua e na área do ser amado, que lhe não obstaculiza o acesso, o que é, evidentemente, de natureza recíproca.

O homem ou a mulher de personalidade infantil deseja o espaço do outro, sem querer ceder aquele que acredita seu. Quando consegue, limita a movimentação do afeto, a quem deseja subjugar por hábeis maneiras diversas, escondendo a insegurança que é responsável pela ambição atormentada. Se não logra, parte para o jogo dos caprichos, que termina em *incompatibilidade de temperamentos,* disfarçando as suas reações neuróticas.

A vida feliz é um dar, um incessante receber.

Toda doação gratifica, e nela, embutida, está a satisfação da oferta, que é uma forma de gratulação. Aquele que se recusa a distribuição padece a atrofia da emoção retribuída e experimenta carência, mesmo estando na posse do excesso.

Somente doa, cede, quem tem e é livre, interiormente amadurecido, realizado. Assim, mesmo quando não recebe de volta e parece haver perdido o investimento, prossegue pleno, porquanto, somente se perde o que não se tem, que é a posse da usura e não o valor que pode ser multiplicado.

A pessoa se deve acostumar com o seu espaço, liberando-se da propriedade total sobre ele e adaptando-se, mentalmente, à ideia de reparti-lo com outrem, mantendo, porém, integral, a sua liberdade íntima, cujos horizontes são ilimitados.

Ademais, deve considerar que os espaços físicos são transitórios, em razão da precariedade da própria vida material, que se interrompe com a morte, transferindo o ser para outra dimensão, na qual os limites tempo e espaço passam a ter outras significações.

A RECONQUISTA DA IDENTIDADE

A imaturidade psicológica do homem leva-o a anular a própria identidade, em face dos receios em relação às lutas e ao mundo nas suas características agressivas. A timidez confunde-o, fazendo que os complexos de inferioridade lhe aflorem, afastando-o do grupo social ou propelindo-o à tomada de posições que lhe permitam impor-se aos demais. A violência latente se lhe desvela, disfarçando os medos que lhe são habituais.

Ocultando a identidade, mascara-se com personalidades temporárias que considera ideais – cada uma a seu turno – e que são copiadas dos comportamentos de pessoas que lhe parecem bem, que triunfaram, que são tidas como modelares, na ação positiva ou negativa, aquelas que quebraram a rotina, e que, de alguma forma, fizeram-se amadas ou temidas.

Gestos e maneirismos, trajes e ideologias são copiados, assumindo-lhes o comportamento, no qual se exibe e consome, até passar a outros modelos em voga que lhe despertem o interesse.

Na superficialidade da encenação, asfixia-se, mais se conflitando em razão da postura insustentável que se vê obrigado a manter.

Como efeito do desequilíbrio, passa a fingir em outras áreas, evitando a atitude leal e aberta, mas sempre sinuosa, que lhe constitui o artificialismo com que se reveste.

Vulnerável aos acontecimentos do cotidiano, sem identidade, é pessoa de difícil relacionamento, vez que tem a preocupação de agradar, não sendo coerente com a sua realidade interior, e, mutilando-se psicologicamente, abandona, sem escrúpulos, os compromissos, as situações e as amizades que, de momento, lhe pareçam desinteressantes ou perturbadoras...

A falta de identidade cria o indivíduo sem face, dissimulador, com loquacidade que obscurece as suas reais impressões, sustentando condicionamentos cínicos para a sobrevivência da representação.

Cada criatura é a soma das próprias experiências culturais, sociais, intelectuais, morais e religiosas. O seu arquétipo é caracterizado pelas suas vivências, não sendo igual ao de outrem. A sua identidade é, portanto, a individualidade real, modeladora da sua vida, usufrutuária dos seus atos e realizações.

No variado caleidoscópio das individualidades, surge o grupo social das afinidades e interesses, das aspirações e trocas, da convivência compartilhada.

Os destaques são aquelas de temperamento mais vigoroso de que o grupo necessita, na condição de líderes naturais, de expressões mais elevadas, que servem de meta para os que se encontram na retaguarda. Nenhum contrassenso ou prejuízo em tal exceção.

A generalidade é o resultado dos biótipos de nível equivalente, sem que sejam pessoas iguais, que não as existem, porém, com uma boa média de realizações semelhantes.

Em razão do processo reencarnatório, alguns indivíduos recomeçam a existência física sob injunções conflitantes, que devem enfrentar, sem fugir aos objetivos que a Vida a todos destina.

Como cada um é a sua realidade, ninguém melhor ou pior, em face da sua tipologia. Existem os mais e os menos dotados, com maior ou menor soma de títulos, de valores, porém, nenhum sem os equipamentos hábeis para o crescimento, para alcançar o ideal desafiador que luz à frente.

É um dever emocional assumir a sua identidade, conhecer-se e deixar-se conhecer.

Certamente, não nos referimos à necessidade de o indivíduo viver as suas deficiências, impondo-as ao grupo social no que se encontra... Porém, não escamotear os próprios limites e anseios ainda não logrados, mantendo falsas posturas de sustentação impossível, é o compromisso existencial que leva a um equilibrado amadurecimento emocional.

Afinal, todos os indivíduos se encontram, na Terra, em processo de evolução. Conseguida uma etapa, outra se lhe apresenta como o próximo passo. A satisfação, a parada no patamar conquistado, leva ao tédio, ao cansaço da vida.

Aventurar-se, no bom e profundo sentido da palavra, é a estimulação de valores, revelação dos conteúdos íntimos, proposta de experiência nova. A ansiedade e a incerteza decorrentes do tentame fazem parte dos projetos da futura estabilidade psicológica, do armazenamento dos dados que cooperam para uma vida estável, realizadora e feliz.

Os insucessos e preocupações durante a empresa tornam-se inevitáveis e são eles que dão a verdadeira dimensão do que significa lutar, competir, estar vivo, ter uma identidade a sustentar.

Deste modo, o indivíduo tem o dever de enfrentar-se, de descobrir qual é a sua identidade e, acima de tudo, aceitar-se.

A aceitação faz parte do amadurecimento íntimo, no qual os inestimáveis bens da vida assomam à consciência, que passa a utilizá-los com sabedoria, engrandecendo-se na razão direta que os multiplica.

A sociedade é constituída por pessoas de gostos e ideais diferentes, de estruturas psicológicas diversas, que se harmonizam em favor do todo. Das aparentes divergências surge o equilíbrio possível para uma vida saudável em grupo, no qual uns aos outros se ajudam, favorecendo o progresso comunitário.

O descobrir-se que a própria identidade é única, especial, em decorrência de muitos fatores, favorece a manutenção do bem-estar íntimo, impedindo fugas atormentantes e inúteis.

Quem foge da sua realidade neurotiza-se, padecendo estados oníricos de pesadelos, que passam à área da consciência, em forma de ameaças de desditas por acontecer, com o mundo mental povoado de fantasmas que não consegue diluir.

Aceitando-se como se é, possui-se estímulos para autoaprimorar-se, superando os limites e desajustes por educação, disciplina e lutas empreendidas em favor de conquistas mais expressivas.

Somente através da aceitação da sua identidade, sem disfarces, o homem, por fim, adquire o amadurecimento psicológico que o capacita para uma existência ideal, libertadora.

A própria identidade é a vida manifestada em cada ser.

TER E SER

A Psicologia Sociológica do passado recomendava a posse como forma de segurança. A felicidade era medida em razão dos haveres acumulados, e a tranquilidade se apresentava como sendo a falta de preocupação em relação ao presente como ao futuro.

Aguardar uma velhice descansada, sem problemas financeiros, impunha-se como a grande meta a conquistar.

A escala de valores mantinha como patamar mais elevado a fortuna endinheirada, como se a vida se restringisse a negócios, à compra e venda de coisas, de favores, de posições.

Mesmo as religiões, preconizando a renúncia ao mundo e aos bens terrenos, reverenciavam os poderosos, os ricos, enquanto se adornavam de requintes, e seus templos se transformavam em verdadeiros bazares, palácios e museus frios, nos quais a solidariedade e o amor passavam desconhecidos.

A felicidade se apresentava possível, desde que se pudesse comprá-la. Todos os programas traziam como impositivo prioritário o prestígio social decorrente da posse financeira ou do poder político.

Cunhou-se o conceito irônico de que *o dinheiro não dá felicidade, porém ajuda a consegui-la*. Ninguém o contesta; no entanto, ele não é tudo.

O imediatismo substituiu os valores legítimos da vida, e houve uma natural subestima pelos códigos éticos e morais, as conquistas intelectuais, as virtudes, por parecerem de somenos importância.

Não se excogitava, então, averiguar se as pessoas poderosas e possuidoras de coisas eram realmente felizes, ou se apenas fingiam sê-lo.

Não se indagava a respeito das reais ambições dos seres, e quanto dariam para despojar-se de tudo, a fim de serem outrem ou fazerem o que lhes aprazia e não o que se lhes impunham.

Embora os avanços da Psicologia Profunda, na atualidade, ainda permanecem alguns bolsões de imposição para que o homem tenha, sem a preocupação com o que ele seja.

O prolongamento da idade infantil, em mecanismos escapistas da personalidade, faz que a existência permaneça como um jogo, e os bens, como as pessoas, tornem-se brinquedos nas mãos dos seus possuidores.

Os homens, entretanto, não são marionetes de fácil manipulação. Cada indivíduo tem as suas próprias aspirações e metas, não podendo ser movido, pelo prazer insano ou com bons propósitos que sejam, por outras pessoas.

Esses atavismos infantis não absorvidos pela idade adulta, impedindo o amadurecimento psicológico encarregado do discernimento, são igualmente responsáveis pela insegurança que leva o indivíduo a amontoar coisas e a cuidar do *ego*, em detrimento da sua identidade integral. Sem que se dê conta, desumaniza-se e passa à categoria de semideus, desvelando os caprichos infantis, irresponsáveis, que se impõem, satisfazendo as frustrações.

O amadurecimento psicológico equipa o homem de resistências contra os fatores negativos da existência, as *ciladas* do relacionamento social, as dificuldades do cotidiano.

A vida são todas as ocorrências, agradáveis ou não, que trabalham pelo progresso, em cuja correnteza todos navegam na busca do porto da realização.

Importante, desse modo, é manter-se o equilíbrio entre ser e exteriorizar o que se é, sem conflito comportamental, eliminando os estados de tensão resultantes da insatisfação ou do comodismo, assim, realizando-se, interior e exteriormente.

Nesta luta entre o *ego* artificial, arquetípico, e o Eu real, eterno e evolutivo, os conteúdos ético-morais da vida têm prevalência, devendo ser incorporados à conduta que os automatiza, não mais gerando áreas psicológicas resistentes à autorrealização, e liberando-as para um estado de plenitude relativa, naturalmente, em razão da transitoriedade da existência física.

É óbvio que não fazemos a apologia da escassez ou da miséria, na busca da realização pessoal. Tampouco propomos o desdém à posse, levando a mente a ilhas onde se homiziam o despeito e a falsa autossuficiência.

A posse é uma necessidade para atender objetivos próprios, que não são únicos nem exclusivos. Os recursos amoedados, o poder político ou social são mecanismos de progresso, de satisfação, enquanto conduzidos pelo homem, qual locomotiva a movimentar os carros que se lhe submetem. Quando se inverte a situação, o iminente desastre está à vista.

Os recursos são para o homem utilizá-los, em vez deste se lhes tornar servil, arrastado pelos famanazes dos interesses subalternos que, de auxiliares da pessoa de destaque, passam à condição de controladores das circunstâncias, aprisionando nas suas hábeis manobras aquele que parece conduzi-las...

Não é a posse que o envilece. Ela faculta-lhe o desabrochar dos valores inatos à personalidade, e os recalques, os conflitos em predominância assomam, prevalecendo-lhe no comportamento.

Eis aí a importância do amadurecimento psicológico do indivíduo, que lhe proporciona os meios de gerir os recursos, sem se lhes submeter aos impositivos. Quando se tem a sabedoria de administrar os valores de qualquer natureza, a benefício da vida e da coletividade, não apenas se possui, sobretudo se é livre, nunca possuído pelas enganosas engrenagens dos metais preciosos, dos títulos de negociação, dos documentos de consagração e propriedade, todos, afinal, perecíveis, que mudam de mão, que são fáceis de perder-se, destruir-se, queimar-se...

A integridade e a segurança defluem do que se é, jamais do que se tem.

Observador, observação e observado

Anteriormente, pareciam existir três posturas na situação de um observador: a pessoa, o objeto e o ato.

Separados, a pessoa se abstraía do todo para observar; o objeto se apresentava a distância, sob observação; a atitude afastava o observador.

Esses limites tornavam-se dificuldades para um comportamento unitário, concorde com as circunstâncias, afastando sempre o indivíduo dos acontecimentos e, de certo modo, isentando-o das responsabilidades.

As complexidades do *destino,* da *sorte,* do *berço* e outras preponderavam como mecanismos de justificação do êxito ou do fracasso de cada um.

O homem se apresentava, então, dissociado da vida, afastado do universo, fora das ocorrências, como um ser à parte dos fatos.

A pouco e pouco, ele se deu conta de que a unidade se encontra presente no conjunto, que por sua vez se faz unitário, assim como a onda é o mar, embora o mar não seja a onda.

Permanecem, em tal postura, os critérios da individualidade pessoal, não obstante a sua integração no todo.

O olho que observa é, ao mesmo tempo, o olho observado, responsável pela observação.

A criatura já não se isola da harmonia geral ou do coletivo, a fim de observar, sem que, por sua vez, não seja observada.

A observação faz parte da vida que, de igual modo, depende do indivíduo observador.

Na inteireza da unidade, todos os agentes que a constituem são portadores do mesmo grau de responsabilidade, a benefício do conjunto. Não há como transferir-se para outrem a tarefa que lhe diz respeito.

O excesso de esforço em um enfraquece-o a favor, negativo, da ociosidade de outro, que se debilita por falta de movimentação.

Tal compreensão do mecanismo existencial deflui de uma capacidade maior de amadurecimento psicológico do homem, que já não se compadece da própria fraqueza, porém busca fortalecer-se; tampouco se considera inferior em relação aos demais, por saber-se detentor de energias equivalentes.

O seu é o mesmo campo de luta, no qual todos se encontram com idênticas responsabilidades, evitando marginalizar-se. Se o faz, tem consciência de que está conspirando contra o equilíbrio geral e que ficará a sós, desde que o todo se refará mesmo sem ele, criando e assumindo nova forma.

Mergulhado na harmonia geral, o homem deve contribuir conscientemente para mantê-la, observando-a e com ela se identificando, observado e em sintonia, diante do conjunto que também o envolve no ato de observar.

O DEVIR PSICOLÓGICO

Por largo tempo houve uma preocupação, na área psicológica, para encontrar-se as raízes dos problemas do homem, o seu passado próximo – vida pré-natal, infância e juventude – a fim de os equacionar.

A grande e contínua busca produzia, não raro, um desesperado anseio para a compreensão dos fenômenos castradores e restritivos da existência, no dealbar dela mesma.

Interpretações apressadas, comumente, tentavam liberar os pacientes dos seus conflitos, *atirando* as responsabilidades da sua gênese aos pais desequipados, uns superprotetores, outros agressivos, que, na sua ignorância afetiva, desencadeavam os complexos variados e tormentosos. Tratava-se de uma forma simplista de desviar o problema de uma para outra área, sem a real superação ou equação do mesmo.

Os pacientes, esclarecidos indevidamente, adquiriam ressentimentos contra os responsáveis aparentes pelas suas aflições, transferindo-se de postura patológica. Em reação, na busca do que passavam a considerar como liberdade, independência daqueles agentes castradores, inibidores, faziam-se bulhentos, assumindo atitudes desafiadoras, na suposição de que esta seria uma forma de afirmação da personalidade, de autorrealização. E o ressentimento inicial contra os pais, os familiares e educadores crescia, transferindo-se, automaticamente, para a sociedade como um todo.

A conscientização dos fenômenos neuróticos não deve engendrar *vítimas novas,* contra as quais sejam atiradas todas as responsabilidades. Isto impede o amadurecimento psicológico do paciente, que assume uma posição injusta de *deserdado da sociedade,* aí se refugiando para justificar todos os seus insucessos.

Sem dúvida, desde o momento da vida extrauterina, há um grande choque na formação psicológica do bebê, ao qual se adicionam outros inumeráveis, decorrentes da educação deficiente no lar e no grupamento social.

O mundo, com as suas complexidades estabelecidas e para ele impenetráveis, apresenta-se agressivo e odiento, exigindo-lhe alto suprimento de habilidades para escapar-lhe ao que considera suas ciladas.

Nessas circunstâncias adversas para a formação psicológica do homem, devemos convir que as suas causas precedem a existências anteriores, que formaram as estruturas da individualidade ora reencarnada, responsáveis pelas resistências ou fragilidades dos componentes emocionais. No mesmo clã e sob as mesmas condições, as pessoas as enfrentam de forma diversa, desvelando, nas suas reações, a constituição de cada uma, que antecede ao fenômeno da concepção fetal.

A moderna visão psicológica, embora respeitando as injunções do passado atual, busca desenvolver as possibilidades latentes do homem, o seu vir a ser, centralizando a sua interpretação nos seus recursos inexplorados. Há, nele, todo um universo a conquistar e ampliar, liberando as inibições e conflitos, diante dos novos desafios que acenam com a autorrealização e o amadurecimento íntimo.

De etapa a etapa, ele avança conquistando as *terras novas* da vida e da experiência, que se sobrepõem aos alicerces fragmentários da infância, substituindo-os vagarosamente.

O devir psicológico é mais importante do que o seu passado nebuloso, que o sol da razão consciente se encarregará de clarear, sem ilhas de *sombra* doentia na personalidade.

Extraordinariamente, em alguns casos de psicoses e neuroses, de dificuldades no inter-relacionamento pessoal, de inibições sexuais e frustrações, pode-se recorrer a uma viagem consciente ao passado, a fim de encontrar-se a matriz cármica e aplicar-lhe a terapia especializada, capaz de conscientizar o paciente e ajudá-lo na superação do fator perturbante. Mesmo assim, a experiência terapêutica exige os recursos técnicos e as pessoas especializadas para o tentame, evitando-se apressadas conclusões falsas e o mergulho em climas obsessivos que impõem mais cuidadosa análise e tratamento adequado.

A questão, pela sua gravidade, exige siso e cuidados especiais.

A nova Psicologia Profunda pretende desvendar as incógnitas das várias patologias que afetam o comportamento psicológico do homem, utilizando-se de uma nova linguagem e desenvolvendo os recursos da sua evolução ainda não excogitados.

Por enquanto, o indivíduo não se conhece, apresentando-se como se fora uma máquina com as suas complicadas funções, que busca automatizar.

É indispensável, assim, que tome consciência de si, o que lhe independe da inteligência, da atividade de natureza mental.

A consciência expressa-se em uma atitude perante a vida, um desvendar de si mesmo, de quem se é, de onde se encontra, analisando, depois, o que se sabe e quanto se ignora, equipando-se de lucidez que não permite mecanismos de evasão da realidade. Não finge que sabe, quando ignora; tampouco aparenta desconhecer, se sabe. Trata-se, portanto, de uma tomada de conhecimento lógico.

Esses momentos de consciência impõem exercício até que sejam aceitos como natural manifestação de comportamento. Para tanto, devem ser considerados os diversos critérios de duração, de frequência e de largueza, como de discernimento.

Por quanto tempo se permanece consciente, em estado de identificação? Quantas vezes o fenômeno se repete e de que o indivíduo está consciente?

Factível estabelecer-se uma programação saudável.

No painel existencial, no qual nada é fixo e tudo muda, torna-se inadiável a busca da consciência atual sem as fixações do passado, de modo a multiplicar os estímulos para o futuro que chegará.

Destaca-se aí a necessidade do equilíbrio, que, segundo Pedro Ouspenski, é "como aprender a nadar". A dificuldade inicial cede então lugar à realização plena.

O homem amargurado, que se faz vítima dos conflitos, deve aprender a resolver os desafios do momento, despreocupando-se das ocorrências traumáticas e gerando novas oportunidades. As suas propostas para amanhã começam agora, não aguardando que o tempo chegue, porque é ele quem passará pelas horas e chegará àquela dimensão a que denomina futuro.

A estrutura psicológica social – soma de todas as experiências culturais, históricas, políticas, religiosas –, exerce uma função compressiva no comportamento do homem, que se deve libertar mediante o amadurecimento pessoal, que elimina o medo, a ira, a ambição, característicos das heranças atávicas, e se programa dentro das próprias possibilidades inexploradas.

A consciência do vir a ser proporciona uma mente aberta, com capacidade para considerar com clareza e saúde todos os fatos da existência, comportando-se de maneira tranquila, com possibilidades de conquistar o infinito.

7
PLENIFICAÇÃO INTERIOR

PROBLEMAS SEXUAIS • RELACIONAMENTOS PERTURBADORES • MANUTENÇÃO DE PROPÓSITOS • LEIS CÁRMICAS E FELICIDADE.

PROBLEMAS SEXUAIS

Herança animal predominante em a natureza humana, o instinto de reprodução da espécie exerce um papel de fundamental importância no comportamento dos seres. Funcionando por impulsos orgânicos nos irracionais, expressa-se como manifestação propiciatória à fecundação nos ciclos orgânicos, periódicos, em ritmos equilibrados de vida.

No homem, em face do uso, que nem sempre obedece à finalidade precípua da perpetuação das formas, experimenta agressões e desvios que o desnaturam, tornando-se o sexo fator de desditas e problemas da mais variada expressão.

Em face da sensação de prazer que lhe é inata, a fim de atrair os parceiros para a comunhão reprodutora, torna-se fonte de tormentos que delineiam o futuro da criatura.

Considerando-se a força do impulso sexual, no comportamento psicológico do homem, as disjunções orgânicas, a configuração anatômica e o temperamento emocional, tornam-se de valor preponderante na vida, no inter-relacionamento pessoal, na atitude existencial de cada qual.

A sua carga compressiva, no entanto, transfere-se de uma para outra existência corporal, facultando um uso disciplinado, corretor, em injunções específicas, que por falta de esclarecimento leva o indivíduo a uma ampla gama de psicopatologias destrutivas na área da personalidade.

Com muita razão, Alice Bailey afirmava, diante dos fenômenos de alienação mental, que eles podem ser "...de natureza psicológica, hereditários por contatos coletivos e cármicos". Introduza, então, o conceito cármico, na condição de fator desencadeante das enfermidades a expressar-se nas manifestações da libido, de relevante importância nos estudos *freudianos*.

O conceito, em torno do qual o *homem é um animal sexual*, peca, porém, pelo exagero. Naturalmente, as heranças atávicas impõem-lhe a força do instinto sobre a razão, levando-o a estados ansiosos como depressivos. Todavia, a necessidade do amor é-lhe superior. Por falta de uma equilibrada compreensão da afetividade, deriva para as falazes sensações do desejo, em detrimento das compensações da emoção.

Mais difícil se apresenta um saudável relacionamento afetivo do que o intercurso apressado da explosão sexual, no qual o instinto se expressa, deixando, não poucas vezes, frustração emocional. Passados os rápidos momentos da comunhão física, e já se manifestam a insatisfação, o arrependimento, os conflitos perturbadores...

A falta de esclarecimento, no passado, em torno das funções do sexo, os mistérios e a ignorância com que o vestiram, desnaturaram-no.

A denominada *revolução sexual* dos últimos tempos, igualmente, ao demitizá-lo, abriu espaços de promiscuidade para os excessivos mitos do prazer, com a consequente desvalorização da pessoa, que se tornou objeto, instrumento de troca, indivíduo descartável, fora de qualquer consideração, respeito ou dignidade.

A sociedade contemporânea sofre, agora, os efeitos da liberação sem disciplina, através da qual a criatura vive a serviço do sexo, e não este para o ser inteligente, que o deve conduzir com finalidades definidas e tranquilizadoras.

As aberrações se apresentam, neste momento, com cidadania funcional, levando os seus pacientes a patologias graves que alucinam, matam e os levam a matar-se.

A consciência deve dirigir a conduta sexual de cada indivíduo, que lhe assumirá as consequências naturais.

Da mesma forma que uma educação castradora é responsável por inúmeros conflitos, a liberativa em excesso abre comportas para abusos injustificáveis e de lamentáveis efeitos no psiquismo profundo.

A vida se mantém sob padrões de ordem, onde quer que se manifeste. Não há, aí, exceção para o comportamento do homem. Por esta razão, o uso indevido de qualquer função produz distúrbios, desajustes, carências, que somente a educação do hábito consegue harmonizar.

Afinal, o homem não é apenas um feixe de sensações, mas também de emoções, que pode e deve canalizar para objetivos que o promovam, nos quais centralize os seus interesses, motivando-o a esforços que serão compensados pelos resultados benéficos.

Exclusão feita aos portadores de enfermidades mentais a se refletirem na conduta sexual, o pensamento é portador de insuspeitável influência, no que tange a uma salutar ou desequilibrada ação genésica.

O mesmo fenômeno ocorre nas mais diferentes manifestações da vida humana. Mediante o seu cultivo, eles se exteriorizam no comportamento de forma equivalente.

A vida, portanto, saudável, na área do sexo, decorre da educação mental, da canalização correta das energias, da ação física pelo trabalho, pelos desportos, pelas conversações edificantes que proporcionam resistência contra os derivativos, auxiliando o indivíduo na eleição de atitudes que proporcionam bem-estar onde quer que se encontre.

As ambições malconduzidas, toda frustração decorrente do querer e não poder realizar, dão nascimento ao conflito. O conflito, por sua vez, quando não equacionado pela tranquila aceitação do fato, sobrepondo a identidade real ao *ego* dominador e insaciável, termina por gerar neuroses. Estas, sustentadas pela insatisfação, transmudam-se em paranoia de catastróficos resultados na personalidade.

Considerado na sua função real e normal, o sexo é santuário da vida, e não paul de intoxicação e morte.

Estimulado pelo amor, que lhe tem ascendência emocional, propicia as mais altas expressões da beleza, da harmonia, da realização pessoal; acalma, encoraja para a vida, tornando-se um dínamo gerador de alegrias.

Os problemas sexuais se enraízam no Espírito, que se aturde com o desregramento que impõe ao corpo, exaurindo as glândulas genésicas e exteriorizando-se em funções incorretas, que se fazem psicopatologias graves, a empurrar a sua vítima para os abismos da *sombra*, da perversidade e do crime.

A liberação das distonias sexuais mais perturba o ser, que se transfere de uma para outra sensação com sede crescente, mergulhando na promiscuidade, por desrespeito e desprezo a si mesmo e, por extensão, aos outros. A sua é uma óptica desfocada, pela qual passa a ver o mundo e as demais pessoas na condição de portadoras dos seus mesmos problemas, só que mascaradas ou susceptíveis de viverem aquela conduta, quando não deseja impor a sua postura especial como regra geral para a sociedade.

Sob conflito psicológico, o portador de problema sexual, ou de outra natureza, não se aceita, fugindo para outros comportamentos dissimuladores; ou quando se conscientiza e resolve-se por vivê-lo, *assume* feição chocante, agressiva, como uma forma de enfrentar os demais, de maneira antinatural, demonstrando que não o digeriu nem o assimilou.

Toda exibição oculta um conflito de timidez ou inconformação, de carência ou incapacidade.

Uma terapia psicológica bem cuidada atenua o problema sexual, cabendo ao paciente fazer uma tranquila autoanálise, que lhe faculte viver em harmonia com a sua realidade interna, nem sempre compatível com a sua manifestação externa.

Não basta satisfazer o sexo – toda fome e sede, de momento, saciadas, retornam, em ocasião própria –, mas harmonizar-se, emocionalmente, vivendo em paz de consciência, embora com alguma fome, perfeitamente suportável, em vez do constante conflito da insatisfação decorrente da imaginação fértil, que programa prazeres contínuos e elege companhias impossíveis de serem conseguidas em qualquer faixa sexual que se estagie.

Ninguém se sente pleno, no mundo, acreditando-se haver logrado tudo quanto desejava.

A aspiração natural e calma, para atingir um próximo patamar, faz-se estímulo para o progresso do indivíduo e da sociedade.

Os problemas sexuais, por isso mesmo, devem ser enfrentados sem hipocrisia, nem cinismo, fora de padrões estereotipados por falsa moralidade, tampouco levados à conta de pequeno significado. São dificuldades e, como tais, merecem consideração, tempo e ação especializada.

Relacionamentos perturbadores

Os indivíduos de temperamento neurótico tornam-se incapazes de manter um relacionamento estável. Pela própria constituição psicológica, são perturbadores de afetividade obsessiva e, porque inseguros, são desconfiados, ciumentos, por consequência depressivos ou capazes de inesperadas irrupções de agressividade.

Os conflitos de que são portadores os levam a uma atitude isolacionista, resultado da insatisfação e constante irritabilidade contra tudo e todos. Creem não merecer o amor de outrem e, se tal acontece, assumem o estranho comportamento de acreditar que os outros não lhes merecem a afeição, podendo traí-los ou abandoná-los na primeira oportunidade. Quando se vinculam, fazem-se absorventes, castradores, exigindo que os seus afetos vivam em caráter de exclusividade para si. São, desse modo, relacionamentos perturbadores, egocêntricos.

O amor é uma conquista do Espírito maduro, psicologicamente equilibrado; usina de forças para manter os equipamentos emocionais em funcionamento harmônico. É uma forma de *negação de si mesmo* em autodoação plenificadora. Não se escora em suspeitas, nem exigências infantis; elimina o ciúme e a ambição de posse, proporcionando inefável bem-estar ao ser amado que, descomprometido com o dever de retribuição, também ama. Quando, por acaso, não correspondido, não se magoa nem se irrita, compreendendo que o seu é o objetivo de doar-se, e não de exigir. Permite a liberdade ao outro, que a si mesmo se faculta, sem carga de ansiedade ou de compulsão.

Quando estas características estão ausentes, o amor é uma palavra que veste a memória condicionada da sociedade, em torno dos desejos lúbricos, e não do real sentimento que ele representa.

Esse relacionamento perturbador faz da outra pessoa um objeto possuído, por sua vez, igualmente possuidor, gerando a desumanização de ambos.

Ao dizer-se *meu* amigo, *minha* esposa, *meu* filho, *meu* companheiro, *meu* dinheiro, a posse está presente e a submissão do possuído é manifesta sem resistência, evitando conflitos no possuidor, não obstante, em conflito, aquele que se deixa possuir, até o momento da indiferença, por saturação, desinteresse, ou da reação, do rompimento, transformando-se o afeto-posse em animosidade, em ódio.

Necessária uma nova conduta e para isto a Psicologia Profunda se torna *o estudo de uma nova linguagem* libertadora.

A palavra é um símbolo que veste a ideia; por sua vez, formulação do pensamento, que se torna uma memória acumulada e retorna quando se deseja vesti-lo.

A *memória da sociedade* adicionou conceitos sobre o amor e o relacionamento, estabelecendo sinais que os caracterizam, sem que auscultasse as suas estruturas psicológicas despidas de símbolos.

O homem deve comprometer-se ao autodescobrimento, para ser feliz, identificando seus defeitos e suas boas qualidades, sem autopunição, sem autojulgamento, sem autocondenação. Pescá-los, no mundo íntimo, e eliminar aqueles que lhe constituem motivos de conflitos deve ser-lhe a meta... Não se sentir feliz ou desventurado, porém empenhar-se por atenuar as manifestações primitivas de agressividade e posse, desenvolvendo os valores que o equipem de harmonia, vivendo bem cada momento, sem projetos propiciadores de conflitos em relação ao futuro ou programas de reparação do passado.

Simplesmente deve renovar-se sempre para melhor, agindo com correção, sem consciência de culpa, sem autocompaixão, sem ansiedade. Viver o tempo com dimensão atemporal, em entrega, em confiança, em paz.

Pode-se dizer que, no amor, quando alguém se identifica com a pessoa a quem supõe amar, está, apenas, realizando um ato de *prolongamento* de si mesmo, portanto, amando-se, e não à outra pessoa. Esta identificação se baseia na memória do prazer e da dor, das alegrias e dos insucessos, portanto, amando o passado e as suas concessões, e não a pessoa em si, neste momento, como é. É habitual dizer-se: "– Amo, porque ela (ou ele) tem compartido da minha vida, das minhas lutas; ajudou-me, sofreu ao meu lado, etc."

O sentimento que predomina aí é o de gratidão, e gratidão, infelizmente, não é amor, é reconhecimento que deve retribuir, compensar, quando em verdade, o amor é só doação.

Imprescindível, assim, *uma nova linguagem* que rompa com o atavismo, com a *memória da sociedade,* acumulada de símbolos, falsos uns, e inadequados outros.

Os relacionamentos humanos tornam-se, portanto, perturbadores, desastrosos, por falta de maturidade psicológica do homem, em razão, também, dos seus conflitos, das suas obsessões e ansiedades.

Graças ao autoconhecimento ele adquire confiança, e os seus conflitos cedem lugar ao amor, que se transforma em núcleo gerador de alegria com alta carga de energia vitalizadora.

O amor, porém, entre duas ou mais pessoas somente será pleno, se elas estiverem no mesmo nível.

A solução, para os relacionamentos perturbadores, não é a separação, como supõem muitos. Rompendo-se com alguém, não pode o indivíduo crer-se livre para um outro tentame, que lhe resultaria feliz, porquanto o problema não é da relação em si, mas do seu estado íntimo, psicológico. Para tanto, como forma de equacionamento, só a adoção do amor com toda a sua estrutura renovadora, saudável, de plenificação, consegue o êxito almejado, porquanto, para onde ou para quem o indivíduo se transfira, conduzirá toda a sua *memória social*, o seu comportamento e o que é.

Desse modo, transferir-se não resolve problemas. Antes, deve solucionar-se para trasladar-se, se for o caso, depois.

Manutenção de propósitos

O homem é um ser muito complexo. Somatório das suas experiências passadas tem, no *inconsciente*, um completo arquivo da raça, da cultura, das tradições que lhe influem no comportamento.

Por outro lado, a educação, os hábitos, os fenômenos psicológicos e fisiológicos estão a alterá-lo a cada momento.

Do acúmulo destes valores resultam-lhe as aspirações, as tendências e anseios, seus conflitos, ansiedades e realizações.

O inconsciente, como efeito, está sempre a *ditar-lhe* o que fazer e o que não realizar, inclinando-o numa ou noutra direção. Todavia, o mecanismo essencial da Vida impulsiona-o para o progresso, para a evolução, mediante os programas de autoburilamento, de orientação, de trabalho...

O resultado natural deste processo é uma mente confusa, buscando claridade; são problemas psicológicos, aguardando solução.

Torna-se-lhe imperiosa a adoção de propósitos para saber o motivo da confusão mental e entender os problemas, antes que tentar solucioná-los superficialmente, deixando em aberto novas dificuldades deles decorrentes.

A solução de agora pode satisfazê-lo por momentos, porém se não são entendidos, eles retornam por outro processo, permanecendo na condição de conflitos a resolver.

Para que se mantenha o propósito de entendimento de si mesmo e da Vida, faz-se necessário um *percebimento* integral de cada fato, sem julgamento, sem compaixão, sem acusação.

Examiná-lo com imparcialidade, na sua condição de fato que é, com uma mente *inocente,* sem passado, sem futuro, apenas presente, mediante uma honesta compreensão, é a forma segura de o entender, portanto, de o perceber e digeri-lo convenientemente, sem dar margem a novos comprometimentos. Sem tal experiência se está tentando burlar a mente, qual se deseje saber por palavras o que se passa em algum lugar, sem interesse de ir-se lá, de conhecer-se pessoalmente. Esta é uma conduta de quem somente busca informação, sem interesse pelo conhecimento real, desde que se nega ao esforço do deslocamento até o lugar em pauta.

O Homem Integral

O entendimento de si mesmo, a fim de encontrar as raízes dos problemas, para extirpá-los, exige uma energia permanente, um propósito perseverante, mantidos com inteireza moral e psicológica. Em caso contrário, desejam-se, apenas, informações verbais, sem mais profundas consequências. Todos os problemas existentes no homem dele mesmo procedem, das suas complexidades, da dominação do seu *ego*.

Normalmente, em razão do próprio passado, as tentativas de manter os propósitos de autoconhecimento, sem acumulação de dados especulativos, mas de real identificação de si mesmo, redundam em insucesso pela falta de perseverança, pelo desânimo diante das dificuldades do começo da empresa e pelo desinteresse de libertar-se dos conflitos.

O homem se queixa que o autoconhecimento exige despesa de energia em face do desgaste que o esforço provoca. Talvez não seja necessária uma luta como a que se trava em outras atividades. A manutenção dos conflitos produz muito mais consumpção de forças. Basta uma atitude de desvalorização dos problemas, como quem deixa cair um fardo simplesmente, em vez de empenhar-se por atirá-lo fora.

A manutenção dos propósitos de renovação e de autoaprimoramento é resultado de uma aceitação normal e de todo momento, da necessidade de autodescobrir-se, *morrendo* para as constrições e ansiedades, os medos e rotinas do cotidiano. Desta ação consciente, de que se impregna, o homem se plenifica interiormente, sem neurose ou outros quaisquer fenômenos psicóticos, perturbadores da personalidade e da vida.

Leis cármicas e felicidade

Nas experiências psicológicas de amadurecimento da personalidade, na busca da plenitude, a incerteza é indispensável, pois que ela fomenta o crescimento, o progresso, significando *insatisfação* pelo já conseguido.

A *certeza* significaria, neste sentido, a cessação de motivos e experiências, que são sempre renovadores, facultando a ampliação dos horizontes do ser e da vida.

Graças à incerteza, que não representa falta de fé, os erros são mais facilmente reparáveis e os êxitos mais significativos. Ela ajuda na libertação, pois que a presença do apego, no sentimento, gera a dor, a angústia. Este último, que funciona como posse algumas vezes, como sensação de segurança e proteção noutras ocasiões, desperta o medo da perda, da solidão, do abandono.

A verdadeira solidão – a mente estar livre, descomprometida, observando sem discutir, sem julgar – é um estado de virtude – nem memória conflitante do passado, nem desespero pelo futuro não delineado – geradora de energia, de coragem.

Normalmente, o medo da solidão é o fantasma do estar sozinho, sem ninguém a quem submeter ou a quem submeter-se.

A insegurança porque se está a sós assusta, como se a presença de outra pessoa pudesse evitar os fenômenos automáticos de transformação interna do ser – fisiológica e psicologicamente – impedindo os acontecimentos desagradáveis ou a morte.

É necessário que o homem aprenda a viver com a sua solidão – ele que é um cosmo miniaturizado, girando sob a

O Homem Integral

influência de outros sistemas à sua volta – com o seu silêncio criativo, sem tagarelice, liberando-se da *consciência de culpa*, que lhe vem do passado.

Destinado à liberdade plena, encontra-se encurralado pelas lembranças arquivadas nos painéis do inconsciente – sua memória perispiritual – que lhe põem algemas em forma de ansiedade, de fobias, de conflitos.

Mesmo quando os fatores da vida se lhe apresentam tranquilizadores, evade-se do presente sob suspeitas injustificáveis de que *não merece a felicidade*, refugiando-se no possível surgimento de inesperados sofrimentos.

A felicidade relativa é possível e se encontra ao alcance de todos os indivíduos, desde que haja neles a aceitação dos acontecimentos conforme se apresentam. Nem exigências de sonhos fantásticos, que não se corporificam em realidade, tampouco o hábito pessimista de mesclar a luz da alegria com as sombras densas dos desajustes emocionais.

As heranças do passado espiritual ressumam em manifestações cármicas, que devem ser enfrentadas naturalmente por fazerem parte da vida, elementos essenciais que são constitutivos da existência.

Como decorrência de uma vida anterior dissoluta, surgem os conflitos, as castrações, os tormentos atuais, da mesma forma, como efeito do uso adequado das funções se apresentam as bênçãos de plenificação.

As leis cármicas, que são o resultado das ações meritórias ou comprometedoras de cada indivíduo, geram, na economia evolutiva de cada um, efeitos correspondentes, estabelecendo a ponderabilidade da Divina Justiça, presente em todos os fenômenos da Natureza e da Criação.

O fatalismo cármico da evolução é a felicidade humana, quando o ser, depurado e livre, sentir-se perfeitamente integrado na Consciência Cósmica.

A sua marcha, embora as aparências dissonantes de alegria e tristeza, de saúde e doença, está incursa no processo das conquistas que lhe cumpre realizar, passo a passo, com dignidade e com iguais condições delegadas aos seus semelhantes, sem protecionismos vis ou punições cerceadoras indevidas, que formaram os arquétipos de privilégio e recusa latentes em muitos.

A resolução para ser feliz rompe as amarras de um carma negativo, em face do ensejo de conquistar mérito através das ações benéficas e construtivas, objetivando a si mesmo, o próximo e a sociedade.

Nenhum impedimento na vida à felicidade.

Uma resignação dinâmica ante o infortúnio – a naturalidade para enfrentar o insucesso, negando-se a que interfira no estado de bem-estar íntimo, que independe de fatores externos – realiza a primeira fase do estágio feliz.

O amadurecimento psicológico, a visão correta e otimista da existência são essenciais para adquirir-se a felicidade possível.

Na sofreguidão da posse, o homem supõe que o apego às coisas, a disponibilidade de recursos, a ausência de problemas são os fatores básicos da felicidade e, para tanto, se empenha com desespero.

Ao desfrutar deles, porém, dá-se conta de que não se encontra ditoso, embora confortado, porque é no seu mundo íntimo, de satisfação e lucidez em torno das finalidades da vida, que estão os valores da plenitude.

As leis cármicas são a resposta para que alguns indivíduos fruam hoje o que a outros falta, ao mesmo tempo são a esperança para aqueles que lutam e anelam, acenando-lhes a possibilidade próxima de aquisição dos elementos que felicitam.

Idear a felicidade sem apego e insistir para consegui-la; trabalhar as aspirações íntimas, harmonizando-as com os limites do equilíbrio; *digerir* as ocorrências desagradáveis como parte do processo; manter-se vigilante, sem tensões nem receios; e se dará o amadurecimento psicológico, liberativo dos carmas de insucesso, abrindo espaço para o autoencontro, a paz plenificadora.

8
O HOMEM PERANTE A CONSCIÊNCIA

Nascimento da consciência • Os sofrimentos humanos
• Recursos para a liberação dos sofrimentos •
Meditação e ação

Nascimento da consciência

Antropológica e historicamente, a sobrevivência equilibrada do homem e da sociedade tem estado sempre vinculada à ideia de um mito central, no qual se haurem os valores éticos de sustentação das suas atividades e do seu equilíbrio. Toda vez em que fatores adversos interferem nos mitos humanos, desacreditando aquele que sintetiza as suas aspirações, os homens se encaminham para o caos e se agridem e se perturbam, parecendo haver perdido o rumo.

Passada a tempestade, os seus remanescentes, não destruídos *in totum*, emergem, dando surgimento a uma nova ideação, e um mito criativo aparece preenchendo a lacuna deixada pelo anterior.

No estado atual da sociedade existe a carência de um mito predominante, que aglutine todas as mentes, sobre elas derramando as suas benesses e confortando-as.

A perda do mito expõe os conteúdos psíquicos, que alteram os objetivos das suas necessidades, fazendo-os mergulhar no *vazio* ou no *desinteresse*, no *prazer* ou na alucinação do *poder*.

Em se considerando que nenhum desses objetivos plenifica o indivíduo, ele passa a disputar a necessidade abrangente do despertar da consciência, interpretando os mitos menores nele jacentes.

Jung, em uma análise profunda, estabeleceu que "a existência só é real quando é consciente para alguém", afirmando a *necessidade* que o Criador possui em relação ao *homem consciente*. Oportunamente, voltou a esclarecer que "a tarefa do homem é (...) conscientizar-se dos conteúdos que pressionam para cima, vindos do inconsciente". Esse despertar e crescimento da consciência, ainda segundo o eminente psicanalista, termina por afetar-lhe também o inconsciente.

É óbvio que, se os conteúdos psíquicos emergentes formam a consciência, as contribuições atuais desta se irão incorporar ao inconsciente que surgirá mais tarde.

Deste modo, o nascimento da consciência se opera mediante a conjunção dos contrários, como decorrência de uma variada gama de conteúdos psíquicos, que formam as impressões arquetípicas ao fazerem contato com o *ego*, dando surgimento à sua *substância psíquica* e tornando todo esse trabalho *um processo de individuação*.

Daí surgem os discernimentos entre as coisas opostas, o Eu e o não Eu, o *ego* e o inconsciente, o sujeito e o objeto, a própria pessoa e a outra. Dando campo aos conflitos, este sentimento que enfrenta e contesta torna-se uma forma altamente criativa de luta, cuja vitória proporciona satisfação, ampliação e aprimoramento da vida.

Sem essa dualidade dos opostos, que leva à reflexão, no processo de individuação, não há aumento real de consciência, que somente se opera entrando em contato com os opostos e os absorvendo.

A consciência, do ponto de vista filosófico, é "um atributo altamente desenvolvido na espécie humana e que se caracteriza por uma oposição básica, essencial. É o atributo pelo qual o homem toma em relação ao mundo – bem como aos denominados estados interiores e subjetivos – a distância em que se cria a possibilidade de níveis mais altos de integração".

Por sua vez, declara, ainda, Jung: "a consciência é a relação dos conteúdos psíquicos com o *ego,* na medida em que essa relação é percebida como tal, pelo *ego*". E conclui que "as relações com o *ego* que não são percebidas como tal são inconscientes". Estabelece, ademais, a diferença entre consciência e psique, que esta última "representa a totalidade dos conteúdos psíquicos" e como esses conteúdos, na sua totalidade, não estão vinculados ao *ego,* tais não são consciência.

Nos mitos centrais de todos os povos, os opostos formaram a essência das suas crenças, dos seus conteúdos psíquicos geradores da consciência.

Encontramo-los nas religiões da antiguidade oriental e, particularmente, no *mito da Criação,* no qual os conflitos da treva e da luz, do bem e do mal são relevantes. O Zoroastrismo também o ressuscitou e, mais tarde, a alquimia facultou o surgimento da *Pedra Filosofal* como mediadora dos opostos, do *Santo Gral,* como depósito que compõe as bases da consciência humana, a se avolumar através dos tempos, dando, desde o início, a ideia das suas várias expressões, tais: a consciência moral, a consciência de fé, a consciência do dever, de justiça, de paz, de amor...

Os equipamentos constitutivos da consciência sutilizam-se, e adquirem mais amplas percepções que facultam o

desenvolvimento emocional e ético do homem, auxiliando-
-o na liberação de conflitos.

As heranças atávicas, que se convertem em arquétipos, no inconsciente individual e coletivo, dizem respeito às realidades do Espírito, em si mesmo responsável pelos resíduos psíquicos, que se transformam nos conteúdos preponderantes para a formação da consciência.

O homem deve adquirir o conhecimento para elevar--se do ser bruto, tornando-se o sujeito detentor da consciência. Não lhe bastará conhecer, mas também, viver a experiência de ser o objeto conhecido. Não somente conhecer de fora para dentro, porém, vivenciar o que é conhecido, incorporando-o à sua realidade. Enquanto o *ego* conhece, o *outro* passa a ser um objeto detido, conhecido, o que não plenifica. Esta satisfação advém quando o *ego*, passando pela vivência do que conhece, torna-se, por sua vez, conhecido pelo outro, que também tem a função de sujeito conhecedor. O *ego* adquire, desse modo, a consciência autêntica, no momento em que é sujeito que conhece o objeto conhecido.

Indispensável, nesse *jogo* do conhecer sendo conhecido, que se não crie uma dependência em relação à pessoa que conhece. A vida saudável é a que decorre da liberdade consciente, capaz de enfrentar os obstáculos e dificuldades que se apresentam no relacionamento humano e na própria individualidade. Esta é a meta que a consciência almeja.

Os sofrimentos humanos

Buda considerou a vida como uma forma de sofrimento e que a sua finalidade era, exclusivamente, encontrar a maneira de libertar-se dele. Para o budismo, a vida é constituída de misérias que geram o sofrimento; por sua vez, o sofrimento é causado pelos desejos insatisfeitos ou pelas emoções perturbadoras e (o sofrimento) deixará de existir se forem eliminados os desejos, sendo necessário, para tanto, uma conduta moderada, e a entrega à meditação em torno das aspirações elevadas do ser.

A fim de transmitir adequadamente suas lições, o príncipe Gautama utilizou-se de parábolas, conforme fez Jesus mais tarde.

O fundamento essencial dos seus ensinos se encontra na *Lei do Carma,* graças à qual o homem é o construtor de sua desdita ou felicidade, mediante o comportamento adotado no período da sua existência corporal. Em uma etapa, a aprendizagem equipa-o para a próxima, sendo que a soma das experiências e ações positivas anula aquelas que lhe constituem débito propiciador de sofrimento.

O sofrimento se apresenta, na criatura humana, como uma enfermidade, que necessita de tratamento conveniente, em que se invistam todos os valores ao alcance, pela primazia de lograr-se o bem-estar e o equilíbrio fisiopsíquico.

Deste modo, o sofrimento pode decorrer do desgaste orgânico ou mental, que é um processo degenerativo do instrumento material do homem. As doenças campeiam, e a receptividade daqueles que se encontram incursos nos códigos da Justiça Divina sofrem-nas, mediante as coarctações danosas dos mecanismos genéticos, ou por contaminação posterior, escassez alimentar, traumatismos físicos e psicológicos, num emaranhado de causas próximas, decorrentes dos compromissos negativos do passado mais remoto.

Noutro caso, o sofrimento resulta da transitoriedade da própria vida física e da fragilidade de todos os bens que proporcionam prazer por um momento, convertendo-se em razão de preocupação, de arrependimento, de amargura.

A busca do prazer é inata, instintiva, e o homem se lhe aferra na condição de meta prioritária. Não raro, ao consegui-lo, frui da satisfação momentânea e, por insatisfação psicológica, propõe-se a prolongá-lo indefinidamente, sofrendo ante a impossibilidade de o manter, pelas alterações naturais que se derivam da impermanência de tudo, pela saturação e, finalmente, pela perda de objetivo após conseguido o anelo.

Por fim, surge o sofrimento dos condicionamentos de ordem física e mental.

Os hábitos arraigados constituem uma *segunda natureza*, com prevalência na conduta psicológica do homem. As alterações e transformações produzem sofrimento, pela necessidade de ajustamento, pelo esforço da adaptação, e os altibaixos da emoção que tende a reagir às mudanças que se devem operar na conduta.

Encontrado o sofrimento, o homem tem o dever de identificar as suas causas, que procedem dos atos degenerativos próximos ou remotos, referentes às suas reencarnações. Ao lado daqueles que ressumam das dívidas cármicas, estão os decorrentes das suas emoções desequilibradas, que têm nascentes no egoísmo, no apego, na imaturidade psicológica. Dentre outros, apresentam-se, em plano de destaque, o medo, o ciúme, a ira, que explodem facilmente engendrando sofrimento.

Chega o momento de buscar-se a cessação deles, qual ocorre com as enfermidades que devem ser tratadas com carinho, porém com disciplina. De um lado, é imprescindível ir-se às causas, a fim de fazê-las parar, ao mesmo tempo evitar novos fatores desencadeantes. Conhecidas as origens, mais fáceis se tornam as terapias que, aplicadas convenientemente, resultam favoráveis ao clima de saúde e de bem-estar.

O esforço empreendido para o término do sofrimento apresenta-se em etapas que se vão incorporando ao dia a dia do indivíduo cioso da sua necessidade de paz.

Impõe-se-lhe o trabalho de condicionar a mente à necessidade da harmonia, recorrendo à meditação em torno das finalidades altruísticas da vida, disciplinando a vontade, exercitando a tranquilidade diante dos acontecimentos que não podem ser evitados, das ocorrências denominadas tragédias, das quais pode retirar excelentes resultados para o comportamento e a autorrealização. O processo da cessação do sofrimento dá-se, ainda, através do *sofrimento* que propicia satisfação pela certeza que advém de se estar liberando da sua áspera constrição.

Enfrentar, portanto, o sofrimento, sem válvulas psicológicas escapistas, é uma atitude saudável, muito distante da distonia masoquista habitual. Também resulta de uma disposição consciente para o homem enfrentar-se desnudado, com uma visão otimista em torno do futuro por conquistar.

Realmente, o sofrimento faz parte do mecanismo da evolução na Terra. Nos reinos vegetal e animal ele se encontra na embrionária *percepção* das plantas, que *sofrem* as agressões e hostilidades do meio, as contaminações e processos degenerativos. Entre os animais, desde os menos expressivos até os mais avançados biologicamente, o sofrimento se manifesta na sensibilidade nervosa, como forma de produzir novos e mais perfeitos biótipos, em constante adaptação e harmonia das formas do *psiquismo* neles latente.

A superação do sofrimento é, sem dúvida, o grave desafio da existência humana, que a todos cumpre conseguir.

Recursos para a liberação dos sofrimentos

A coragem é fator decisivo para o bem do indivíduo na sua historiografia psicológica. Para hauri-la, basta o interesse consciente e duradouro em favor da aquisição da felicidade, que se deve tornar a meta essencial da sua existência. Inexistente esta necessidade tampouco há sofrimento, porque a ausência das aspirações nobres resulta da morte dos ideais, provocada pela indiferença da vida, em uma psicopatologia grave.

O sofrimento, em si mesmo, é fonte motivadora para as lutas de crescimento emocional e amadurecimento da personalidade, que passa a compreender a existência de maneira menos sonhadora e mais condizente com a sua realidade. Os jogos e ilusões da idade infantil, superados, dão ensejo a uma integração consciente do indivíduo no grupo social no qual se encontra, fomentando o esforço pelo bem dos demais, por saber-se membro valioso e entender, por experiência pessoal, os gravames que a dor proporciona. Inobstante esta experiência lúcida, sabe que o esforço a envidar para liberar-se dos sofrimentos é, por sua vez, conquista da inteligência e do sentimento postos a serviço da sua realização pessoal e comunitária.

Na maior parte dos métodos, a vontade do paciente prevalece como fator de alta importância. Excetuando-se os referidos *sofrimentos por sofrimentos,* e mesmo em grande parte destes, a reflexão bem direcionada gera uma psicosfera de paz, renovadora, que o envolve e alimenta, levando à liberação deles.

Relacionemos algumas fases da terapia liberativa:

a) Considerar todos os indivíduos como dignos de ser amados e tomar por modelo alguém que o ama e se lhe dedica, por isto mesmo, credor de receber todo o afeto.

Este sentimento, sem apego nem interesse gerador de emoções perturbadoras, desarma o indivíduo de suspeitas, de ansiedades e medos, ao mesmo tempo dirimindo as incompreensões de outrem e desarticulando quaisquer planos infelizes.

Uma visão favorável sobre alguém dilui as nuvens densas que lhe obscurecem a personalidade, facultando um relacionamento positivo. A não reação à agressividade do outro desmantela-lhe a couraça de prepotência, na qual se oculta. Se a resposta é otimista e sem azedume, conquista-o para um intercâmbio útil, ampliando-lhe o círculo de expressões afetivas. Logo, este sentimento contribui para anular os efeitos do sofrimento moral e dissipar algumas, senão todas as suas causas perturbadoras.

O ato de ver bem as demais pessoas torna-se um hábito terapêutico preventivo, em relação às agressões do meio ambiente, dos companheiros, constituindo um encorajamento para a luta libertadora.

O cultivo, a expansão de ideias e conceitos edificantes apagam o incêndio ateado pelo pessimismo da maledicência, da inveja, da calúnia, tornando respirável a atmosfera social do grupo onde o homem se localiza.

b) Identificar e estimular os traços de bondade do caráter alheio.

Não há solo, por mais sáfaro, que tratado, não permita o vicejar de plantas. Em todo sentimento existem terras férteis para a bondade, mesmo quando cobertas por caliça e pedregulhos. Um trabalho, breve que seja, afastando o impedimento, e logo esplendem os recursos próprios para a sementeira da esperança.

Os indivíduos que se notabilizavam pela maldade na vida privada e no seu círculo social, revelavam-se bondosos e gentis, tornando-se amados pela família e pelo grupo, mesmo conhecendo-lhes as atrocidades em que eram exímios.

A maldade sistemática, a impiedade, o temperamento hostil revelam as personalidades psicopatas que, antes, necessitam de ajuda, em vez de reproche. A bondade, neles latente, aguarda o momento de manifestar-se e predominar, mudando-lhes o comportamento.

Com tal atitude, a de identificar a bondade, torna-se possível a superação do sofrimento, como quer que se apresente, especialmente o que tem procedência moral.

c) Aplicar a compaixão quando agredido.

Uma reação de pesar, ante o ato infeliz, produz um efeito positivo no agressor. Proporciona o equilíbrio à vítima, que não desce à faixa vibratória violenta em que o outro se demora. Impede a sintonia com a cólera e seus sequazes, impossibilitando a instalação de enfermidades nervosas e distúrbios gastrointestinais e outros, em face da não absorção de energias deletérias.

A compaixão dinâmica, aquela que vai além da piedade buscando ajudar o infrator, expressa bondade e se enriquece de paixão participativa, que levanta o caído, embora seja ele o perturbador.

Essa conduta impede que se instale o sofrimento na criatura.

d) O Amor deve ser uma constante na existência do homem.

Há em tudo e em todos os seres a presença do Amor. Em um lugar revela-se como ordem, noutro beleza e, sucessivamente, harmonia, renovação, progresso, vida, convocando à reflexão.

O Amor é o antídoto mais eficaz contra quaisquer males. Age nas causas e altera as manifestações, mudando a estrutura dos conteúdos negativos quando estes se exteriorizam.

Revela-se no instinto e predomina durante o período da razão, responsabilizando-se pela plenificação da criatura.

O amor instaura a paz e irradia a confiança, promove a não violência e estabelece a fraternidade que une e solidariza os homens, uns com os outros, anulando as distâncias e as suspeitas. É o mais poderoso vínculo com a Causa Geradora da Vida. É o motor que conduz à ação bondosa, desdobrando o sentimento de generosidade, ao mesmo tempo estimulando à paciência.

Graças à sua ação, a pessoa doa, realizando o gesto de generosa oferta de coisas, até o momento em que é levada à autodoação, ao sacrifício com naturalidade.

O Amor é o rio onde se afogam os sofrimentos, pela impossibilidade de sobrenadarem nas fortes correntezas dos seus impulsos benéficos. Sem ele a vida perderia o sentido, a significação. Puro, expressa, ao lado da sabedoria, a mais relevante conquista humana.

Meditação e ação

O autodescobrimento é o clímax de experiências do conhecimento e da emoção, através de uma equilibrada vivência.

Para consegui-lo, faz-se indispensável o empenho com que o homem se aplique na tarefa que o possibilita. É certo que o tentame se reveste inicialmente de várias dificuldades aparentes, todas passíveis de superadas.

A realização de qualquer atividade nova se apresenta complexa pelo inusitado da sua própria constituição. Não há, todavia, nada com que o indivíduo não se acostume. Demais, tudo aquilo que se torna habitual reveste-se de facilidade.

Assim, a busca de si mesmo, para a liberação de conflitos, amadurecimento psicológico, afirmação da personalidade, resulta de uma consciente disposição para meditar, evitando o emprego de largos períodos que se transformam em ato constrangedor e aborrecido.

A meditação deve ser, inicialmente, breve e gratificante, da qual se retorne com a agradável sensação de que o tempo foi insuficiente, o que predispõe o candidato a dilatação deste.

Através de uma concentração analítica, o neófito examina as suas carências e problemas, os seus defeitos e as soluções de que poderá dispor para aplicar-se. Não se trata de uma gincana mental, mas de uma sincera observação de si mesmo, dos recursos ao alcance e dos temores, condicionamentos, emoções perturbadoras que lhe são habituais. Estudando um *problema* de cada vez, surge a clara solução como proposta liberativa que deve ser aplicada sem pressa, com naturalidade.

O Homem Integral

A sua repetição sistemática, sem solução de continuidade, uma ou duas vezes ao dia, cria uma harmonia interior capaz de resistir às investidas externas sem perturbar-se, por mais fortes que se apresentem.

Após a meditação analítica, descobrindo as áreas frágeis da personalidade e os pontos nevrálgicos da conduta, o exercício de absorção de forças mentais e morais torna-se-lhe o antídoto eficiente, que predispõe ao bem-estar, encorajando ante as inevitáveis lutas e vicissitudes do viver cotidiano.

As empresas do dia a dia fazem-se fenômenos existenciais que não assustam, porque o indivíduo conhece as suas possibilidades de enfrentamento e realização, aceitando umas, e de outras declinando, sem aturdimentos emocionais, nem apegos perturbadores.

Sucessivamente passa do estado de análise para o de tranquilidade, deixando a reflexão e experimentando a harmonia, sem discussão intelectiva, como quem se *embriaga* da beleza de uma paisagem, de uma agradável recordação, da audição de uma página musical, de um enlevo, nos quais apenas frui, sem questionamento, sem raciocinar. Fruir é banhar-se por fora e penetrar-se por dentro, simplesmente, desfrutando.

Passado um regular período de alguns anos, por exemplo, a avaliação patenteará os resultados. Quais as conquistas obtidas? De que se libertou? Quantas aquisições de instrumentação para o equilíbrio? Estas questões se revestem de magna significação, por atestarem o progresso emocional logrado, dispondo a mais amplos experimentos.

A meditação, portanto, não deve ser um dever imposto, porém, um prazer conquistado.

Sem a claridade interior para enfrentar os desafios pessoais, o indivíduo transfere-os de uma para outra circunstância, somando frustrações que se convertem em traumas inconscientes a perturbarem a inteireza da personalidade.

A meditação, no caso em pauta, abre lugar à ação, sendo, ela mesma, uma ação da vontade, a caminho da movimentação de recursos úteis para quem a utiliza e, por extensão, para as demais pessoas.

O homem que se autodescobre faz-se indulgente, e as suas se tornam ações de benevolência, beneficência, amor. O seu espaço íntimo se expande e alcança o próximo, que alberga na área do seu interesse, modificando para melhor a convivência e a estrutura psicológica do seu grupo social.

A ação consolida as disposições comportamentais do indivíduo, ora impregnado pelo idealismo de crescimento emocional, sem perturbações, e social, sem conflitos de relacionamento.

Em razão da sua identidade transparente, passa a compreender os dilemas e dificuldades dos outros, cooperando a benefício geral e fazendo-se mola propulsionadora do progresso comum.

A ação é o coroamento das disposições íntimas, a materialização do pensamento nas expressões da forma. Aquela que resulta da meditação é proba, e tem como objetivos imediatos a transformação do ambiente e do homem, ensejando-lhes recursos que facultam a evolução e a paz. Assim, o ato de meditar deve ser sucedido pela experiência do viver--agir, porquanto será inútil a mais excelente terapia teórica ao paciente que se recusa, ou não se resolve aplicá-la na sua enfermidade.

Tal procedimento, a ação bem vivenciada, faz que o homem se sinta satisfeito consigo mesmo, o que lhe faculta

O Homem Integral

espontânea alegria de viver, conhecendo-se e amadurecendo psicologicamente para a existência.

Caracterizam a conduta de um homem que medita e age, uma mente bondosa e um coração afável. Vencendo as suas más inclinações adquire sabedoria para a bondade, evitando as paixões consumidoras. Assim, faz-se pacífico e produtivo, não se aborrecendo, nem brigando, antes harmonizando tudo e todos ao seu redor.

Essa transformação processa-se lentamente, e ele se dá conta só após vencidas as etapas da incerteza e do treinamento.

A ação gentil coroa-lhe o esforço, nunca lhe permitindo a presença da amargura, do ódio, do ressentimento e dos seus sequazes...

Uma das diferenças entre quem medita e aquele que o não faz é a atitude mental mediante a qual cada um enfrenta os problemas. O primeiro age com paciência ante a dificuldade, e o segundo reage com desesperação.

Assim, o importante e essencial é dominar a mente, adquirindo o hábito de ser bom.

9
O FUTURO DO HOMEM

A MORTE E SEU PROBLEMA • A CONTROVERTIDA COMUNICAÇÃO DOS ESPÍRITOS • O MODELO ORGANIZADOR BIOLÓGICO • A REENCARNAÇÃO

A MORTE E SEU PROBLEMA

Fatalidade biológica, a morte é fenômeno habitual da vida. Na engrenagem molecular, associam-se e desagregam-se partículas, transformando-se através do impositivo que as constitui, em face da finalidade específica de cada uma. Por efeito, o mesmo ocorre com o corpo, no que resulta o fenômeno conhecido como morte.

Desinformado quanto aos mecanismos da forma e da funcionalidade orgânica, desestruturado psicologicamente, o homem teme a morte, em razão do atavismo representativo do fim da vida, da consumpção do ser.

Em variadas culturas primitivas e contemporâneas, para fugir-se à realidade desta inevitável ocorrência, foram criados cerimoniais e cultos religiosos que pretendem diminuir o infausto acontecimento, escamoteando-o, ao tempo em que se adorna o morto de *esperança* quanto à *sobrevivência*.

Em muitas sociedades do passado, era comum colocar-se entre os dentes dos falecidos uma moeda de ouro, para recompensar o barqueiro encarregado de conduzi-lo à outra margem do rio da Vida. Na Grécia, particularmente, este uso se tornou normal, objetivando compensar a avareza de Caronte, que ameaçava deixar vagando os não pagantes, quando da travessia do Rio Estige, segundo a sua mitologia.

Modernamente, repetindo o embalsamamento em que se notabilizaram os egípcios, nas *Casas dos Mortos,* busca-se embelezar os defuntos para que deem a impressão de vida e bem-estar, assim liberando os vivos dos temores e das reminiscências amargas. Todavia, por mais se mascare a verdade, chega o momento em que todos a enfrentam sem escapismo, convidados a vivenciá-la. A morte é um fenômeno ínsito da vida, que não pode ser desconsiderado.

Neuroses e psicoses graves se estabelecem no indivíduo em razão do medo da morte, paradoxalmente, nas expressões maníaco-depressivas, levando o paciente a suicidar-se ante o temor de a aguardar.

Numa análise psicológica profunda, o homem teme a morte porque receia a vida. Transfere, inconscientemente, o pavor da existência física para o da destruição ou transformação dos implementos que a constituem. Acostumado a evadir-se das responsabilidades, mediante os mecanismos desculpistas, o inexorável acontecimento da morte se lhe torna um desafio que gostaria de não defrontar, por consciência, quiçá, de culpa, passando a detestar esse enfrentamento.

Para fugir, mergulha na embriaguez dos sentidos consumidores e das emoções perturbadoras, abreviando o tempo pelo desgaste das energias mantenedoras do corpo físico.

O homem, acreditando-se previdente e ambicioso, aplica o tempo na preparação do futuro e na preservação do presente. Entretanto, poderia e deveria investir parte dele na reflexão do fenômeno da morte, de modo a considerá-lo natural e aguardá-lo com tranquila disposição emocional. Nem o desejando ou, sequer, evitando driblá-lo.

A educação que se lhe ministra desde cedo, em face do mesmo atavismo apavorante da morte, é centrada no prazer, nas delícias do *ego*, nas vantagens que pode retirar do corpo, sem a correspondente análise da temporalidade e fragilidade de que se reveste. Graças a essa inadvertência, espocam-lhe os conflitos, as fobias, a insegurança.

Um momento diário de análise, em torno da vida física, predispõe a criatura a projetar o pensamento para mais além do portal de cinza e de lama em que se deteriora a organização somática.

Tudo, no mundo físico, é impermanente, e tal impermanência pode ser vista sob duas formas: a exterior ou grosseira, e a interior ou sutil.

Nada é sempre igual, embora a aparência que preserva nos períodos de tempo diferentes. Por isto mesmo, tudo se encontra em incessante alteração no campo das micropartículas até o instante em que a forma se modifica – fase sutil de impermanência. Um objeto que se arrebenta e um corpo – vegetal, animal ou humano –, que morre, passam pela fase da transição exterior grosseira para uma outra estrutura, experimentando a morte.

A morte, todavia, não elimina o *continuum* da consciência, após a disjunção cadavérica.

Se, desde cedo, cria-se o hábito da meditação a respeito da consciência sobrevivente, independente do corpo, a morte perde o seu *efeito tabu* de aniquiladora, odienta destruidora do ideal, do ser, da vida.

O tradicional enigma do que acontece após a morte deve ser de interesse relevante para o homem que, meditando, encontra o caminho para decifrá-lo. Deixar-se arrastar pelo pavor ou não lhe dar qualquer importância constituem comportamentos alienantes.

A curiosidade pelo desconhecido, a tendência de investigar os fenômenos novos são atrações para a mente perquiridora, que encontra recursos hábeis para os cometimentos.

A intuição da vida, o instinto de preservação da existência, as experiências psíquicas do passado e parapsicológicas do presente atestam que a morte é um *veículo* de transferência do ser energético pensante, de uma fase ou estágio vibratório para outro, sem expressiva alteração estrutural da sua psicologia. Assim, morre-se como se vive, com os mesmos conteúdos psicológicos que são os alicerces (inconsciência) do Eu racional (consciência).

Nesta panorâmica da vida (no corpo) e da morte (do corpo) ressalta-se um fator decisivo no comportamento humano: o apego à matéria, com as consequentes emoções perturbadoras e extratos do comportamento contaminados, jacentes na personalidade.

Sob um ponto de vista, a manifestação do *instinto de conservação* é valiosa, por limitar os tresvarios do homem que, diante de qualquer vicissitude, apelaria para o suicídio, qual acontece com certos psicopatas. De certo modo, frenado, inconscientemente, enfrenta os problemas e supera-os com a ação eficiente do seu esforço dirigido corretamente.

Por outro lado, os esclarecimentos religiosos, embora a multiplicidade dos seus enfoques, demonstrando que a morte é período de transição entre duas fases da vida, contribuem para demitizar o pavor do aniquilamento.

Definitivamente, as experiências psíquicas, parapsicológicas e mediúnicas, provocadas ou naturais, têm trazido importante contribuição para equacionar o problema da morte, dando sentido à existência.

Conscientizando-se, o homem, da continuidade do ser pensante após as transformações do corpo através da morte da forma, alteram-se-lhe, totalmente, os conceitos sobre a vida e a sua conduta no transcurso da experiência orgânica.

De qualquer forma, reservar espaços mentais para o desapego das coisas, das pessoas e das posições, analisando a inevitabilidade da morte, que obriga o indivíduo a tudo deixar, é uma terapia saudável e necessária para um trânsito feliz pelo mundo objetivo.

A CONTROVERTIDA COMUNICAÇÃO DOS ESPÍRITOS

O anseio inconsciente pela sobrevivência do ser consciente à morte física abre as portas da percepção psíquica, facultando o devassar das *sombras* do Além.

Já não aspira o homem a sorver a água do Letes para o esquecimento, porém sondar o que ocorre na sua outra margem. E é de lá que têm vindo inesgotáveis informações, notícias, desafios novos, todos demonstrando a indestrutibilidade da vida, a sua causalidade e seu finalismo inevitável.

Das civilizações antigas às modernas, desde as culturas mais primitivas até as mais bem equipadas de conhecimento e tecnologia, as tumbas descerram as suas lajes para, rompendo o enganoso silêncio e o falso repouso dos falecidos, apresentarem suas vozes e ações.

Por mais se dilatem os *arquétipos jungianos* até as suas nascentes, estratificadoras, a sobrevivência os precede, porque foram aqueles, que atravessaram a fronteira, que vieram para elucidar a ocorrência mortuária, falando sobre a imortalidade a que retornaram.

As suas lições ensejaram o surgimento da fé religiosa, dos cultos – mesmo os mais extravagantes – de algumas filosofias, e se consubstanciaram nos desafios às modernas ciências parapsicológicas, psicobiofísicas, psicotrônicas, ainda não superando a Doutrina Espírita, apresentada por Allan Kardec, resultado de acuradas observações e experimentos de laboratório, provando a sobrevivência do ser à sua disjunção cadavérica.

É inerente à estrutura da vida a sua indestrutibilidade, graças à qual somente há transformações e nunca aniquilamento.

Partindo-se deste princípio de imanência, a consciência não se extingue por ocasião da desorganização cerebral. Independente dela, torna-a instrumento pelo qual se expressa, mas não indispensável à sua existência.

Os fenômenos de ectoplasmia, vidência, psicofonia, psicografia e os mais hodiernamente estudados pela Metaciência, que se utiliza de complexos aparelhos – spiricom, vidicom –, atestam a continuação e independência do Espírito à morte do corpo.

Examinadas com cuidado inúmeras hipóteses para explicá-los, a única a resistir a todo cepticismo, pelos fatos que engloba, é a da imortalidade da alma com a sua consequente comunicabilidade.

Além dos produzidos pelo psiquismo humano, ressaltam-se aqueles que têm gênese nos seres de outras dimensões, que se fazem identificar de forma exaustiva e clara, não deixando outra alternativa exceto a sua realidade transcendental, de seres independentes e desencarnados.

O Homem Integral

Neste capítulo se enquadram diversas psicopatias, cujas gêneses resultam de influências espirituais mediante as quais se abre o campo das obsessões, igualmente conhecidas desde priscas eras com outras denominações. Esta influência deletéria dos mortos sobre os vivos tem o seu reverso na que se opera graças à interferência dos *anjos,* dos *serafins,* dos *santos,* dos *guias espirituais* e *familiares* de inegáveis benefícios para a criatura humana, inclusive, na área da preservação e recuperação da saúde.

Cunhou-se, como efeito imediato, o brocardo que assevera que "os mortos conduzem os vivos", tal a ingerência que têm aqueles no comportamento destes. Eliminando-se, porém, o exagero, o intercâmbio psíquico e *físico* se dá com mais frequência entre eles do que supõem os desinformados. E isto constitui bela página do Livro da Vida, facultando ao ser pensante a compreensão e certeza da sua eternidade, bem como ensejando atender as excelentes possibilidades de crescimento desalienante e a perspectiva de plenitude, fora das conturbações e dos desajustes que ocorrem no processo de seu amadurecimento psicológico e de seu autodescobrimento.

A transitoriedade assume a sua preponderância apenas enquanto vige a existência corporal, de grande significação para estruturar a sobrevivência feliz, delineando as atividades futuras a ressurgirem como *culpa-castigo, tranquilidade--prêmio,* que governam e estatuem os destinos humanos.

A consciência, não se aniquilando através da morte, aprimora-se mediante experiências extrafísicas, que lhe dilatam o campo de aquisição de recursos capazes de elucidar os *enigmas* da genialidade e da demência, da lucidez e da idiotia congênitos.

Este inter-relacionamento entre o homem e os Espíritos desenvolve-lhe os sentidos extrafísicos, proporcionando-lhe um desdobramento paranormal, no qual a mediunidade lhe propicia uma vivência real nas duas esferas vibratórias onde a vida se apresenta.

Portador dessa percepção, embora habitualmente embotada, agiganta-se-lhe a área de sensibilidade psíquica ao educá-la, como se lhe entorpece e turba outros campos mentais, se a desconsidera ou se não dá conta da sua existência.

O complexo homem é de natureza transcendental, corporificando-se na forma física e dissociando-se através da morte, sem surgir de um para outro momento ao acaso ou desintegrar-se sob o capricho de uma fatalidade nefasta, destruidora.

A Psicologia Profunda vai às raízes deste ser, resgatando-o do *lodo da terra* e erguendo-o da *lama do sepulcro*, para conceder-lhe a dignidade que merece no concerto universal, como parte integrante do mesmo.

A única forma de demonstrar e confirmar a imortalidade da alma é mediante a sua comunicabilidade, o que oferece consolações e esperanças inimagináveis, por outro lado facultando ao ser humano lutar com estoicismo graças à meta que o aguarda à frente, enquanto a consumpção, além de desnaturar a vida, retira-lhe todo o sentido, o significado, em razão da sua brevidade, isto sem nos referirmos aos desenlaces precoces, aos natimortos...

A vida vem aplicando milhões de anos no seu aperfeiçoamento e complexidades, não se podendo evolar ao capricho da desoxigenação cerebral.

Com esta certeza esmaece o pavor da morte, desarticula-se a neurose disto advinda, abrindo um leque de perspectivas positivas para o bem-estar durante a existência física, prelúdio da espiritual, para onde se ruma inexoravelmente. Os planos agora já não se limitam nas balizas próximas impeditivas, antes se dilatam encorajadores, no prosseguimento da evolução.

Deste modo, as controvérsias sobre a sobrevivência vão cedendo lugar à afirmação da vida, especialmente agora, quando se desdobram as terapias alternativas na área da saúde, que recorrem às memórias do passado, aos substratos da mente precedente ao corpo, mediante as quais o *continuum* da consciência não sofre interrupção com a morte orgânica nem surge com o seu renascimento.

A Vida predomina, prevalece em toda parte, sempre e vitoriosa.

O MODELO ORGANIZADOR BIOLÓGICO

O homem é, deste modo, um conjunto de elementos que se ajustam e interpenetram, a fim de condensar-se em uma estrutura biológica, assim formado pelo Espírito – ser eterno, preexistente e sobrevivente ao corpo somático –, o perispírito – também chamado *modelo organizador biológico*, que é o "princípio intermediário, substância semimaterial que serve de primeiro envoltório ao Espírito e liga a alma ao corpo. Tais, num fruto, o germe, o perisperma e a casca"[2] – e o corpo – que é o envoltório material.

Estes elementos mantêm um inter-relacionamento profundo com os respectivos planos do Universo.

---

2. *O Livro dos Espíritos*, de Allan Kardec, 29. ed. da FEB (nota da autora espiritual).

O perispírito, também denominado *corpo astral,* é constituído de vários tipos de fluidos (energia) ou de matéria hiperfísica, sendo o *laço* que une o Espírito ao corpo somático. Multimilenarmente conhecido, atravessou a História sob denominações variadas. Hipócrates, por exemplo, chamava-o *Enormon,* enquanto Plotino o identificava como *Corpo Aéreo ou Ígneo.* Tertuliano o indicava como *Corpo Vital da Alma,* Orígenes como *Aura,* quiçá inspirados no apóstolo Paulo que o referia como *Corpo Espiritual e Corpo Incorruptível.* No Vedanta ele aparece como *Mano-maya-Kosha* e no Budismo Esotérico é designado por *Kamarupa.* Os egípcios diziam-no *Ka* e o Zend Avesta aponta-o por *Baodhas,* a Cabala hebraica por *Rouach.* É o *Eidôlon* do Tradicionalismo grego, o *Imago* dos latinos, o *Khi* dos chineses, o *Corpo sutil e etéreo* de Aristóteles... Confúcio igualmente o identificou, chamando-o *Corpo Aeriforme* e Leibnitz qualificou-o de *Corpo fluídico...* As variadas épocas da humanidade defrontaram-no e por outras denominações ele passou a ser aceito.

De importância máxima no complexo humano, é o moderno *Modelo organizador biológico,* que se encarrega de plasmar no corpo físico as necessidades morais-evolutivas, através dos genes e cromossomos, pois que, indestrutível, eteriza-se e se purifica durante os processos reencarnatórios elevados.

Pode-se dizer que ele é o esboço, o modelo, a forma em que se desenvolve o corpo físico. É na sua intimidade energética que se agregam as células, que se modelam os órgãos, proporcionando-lhes o funcionamento. Nele se expressam as manifestações da vida, durante o corpo físico e depois, por facultar o intercâmbio de natureza espiritual. É o condutor da energia que estabelece a duração da vida física, bem como é responsável pela memória das existências passadas que arquiva nas telas sutis do *inconsciente* atual, facultando lampejos ou recordações esporádicas das existências já vividas.

O filósofo escocês Wordsworth estudando-o, disse que é o *Mediador plástico* "através do qual passa a torrente de matéria fluente que destrói e reconstrói incessantemente o organismo vivo".

Na sua estrutura de energia se localizam os distúrbios nervosos que se transferem para o campo biológico e que procedem dos compromissos negativos das reencarnações passadas. Igualmente ele responde pelas doenças congênitas, em razão das distonias morais que conduz de uma para outra vida. Por isto mesmo, trata-se de um *organismo vivo* e pulsante, sendo constituído por trilhões de corpos unicelulares rarefeitos, muito sensíveis, que imprimem nas suas intrincadas peças as atividades morais do Espírito, assinalando-as nos órgãos correspondentes quando das futuras reencarnações.

Veículo sutil e organizador, é o encarregado de fixar no organismo os traumas emocionais como as aspirações da beleza, da arte, da cultura, plasmando nos sentimentos as tendências e as possibilidades de realizá-las.

Graças à sua interpenetração nas moléculas que constituem o corpo, exterioriza, através deste, os fenômenos emocionais – carmas –, positivos ou não, que procedem do passado do indivíduo e se impõem como mecanismos necessários à evolução.

Comandado pelo Espírito mediante automatismos nas faixas menos evoluídas da Vida, pode ser dirigido conscientemente, desde que se encontre liberado dos impositivos dos resgates dolorosos, no processo da aprendizagem compulsória.

Quanto mais o homem se espiritualiza, domando as más inclinações e canalizando as forças para as aspirações de enobrecimento e sublimação, mais sutis são as suas possibilidades plasmadoras, dando gênese a corpos sadios, emocional e moralmente, em razão do agente causal estar liberado das aflições e limites purificadores.

O amadurecimento psicológico proporciona ao indivíduo utilizar-se das aquisições morais, mentais e culturais para estimular-lhe os núcleos fomentadores de vida, alterando sempre para melhor a própria estrutura física e psíquica pelo irradiar de energias saudáveis, reconstruindo o organismo e utilizando-o com sabedoria para fruir da paz e da alegria de viver.

A REENCARNAÇÃO

Destituída de finalidade seria a vida que se diluísse na tumba, como efeito do fenômeno da morte. Diante de todas as transformações que se operam nos campos da realidade objetiva, como das alterações que se processam na área da energia, seria utópico pensar-se que a fatalidade do existir é o aniquilamento. Embora as disjunções moleculares e as modificações na forma, tudo se apresenta em contínuo vir a ser, num intérmino desintegrar-se – reintegrando-se –, que oferece à Vida um sentido de eternidade, além e antes do tempo, conforme as limitadas dimensões que lhe conferimos.

Nesse sentido, especificamente, o complexo humano apresenta-se através de faixas de movimentação instável, qual ocorre com o corpo; em mecanismos de sutilização, o perispírito; e de aprimoramento, quando se trata do Espírito, este último, aliás, inquestionavelmente imortal.

A aquisição da consciência é o resultado de um processo incessante, através do qual o *psiquismo* se agiganta desde o *sono,* na força aglutinadora das moléculas, no mineral; à *sensibilidade,* no vegetal; ao *instinto,* no animal; e à *inteligência,* à *razão,* no homem. Nesta jornada automática, funcionam as inapeláveis Leis da Evolução, em a Natureza, defluentes da Criação.

Chegando ao patamar humano, esse psiquismo, de início rudimentarmente pensante, atravessa inúmeras experiências pessoais, que o tornam herdeiro de si mesmo, em um encadeamento de aprendizagens pelo mergulho no corpo e abandono dele, toda vez que se rompam os liames que retêm a individualidade.

Este processo de renascimentos, que os gregos denominavam de palingenésico, constitui um avançado sistema de crescimento intelecto-moral, fomentador da felicidade.

Graças a ele, a existência humana se reveste de dignidade e de relevantes objetivos que não podem ser interrompidos. Toda vez que surge um impedimento, que se opera um transtorno ou sucede uma aparente cessação, a oportunidade ressurge, e o recomeço se estabelece, facultando ao aprendiz o crescimento que parecia terminado.

Em face deste mecanismo, os fenômenos psicológicos apresentam-se em encadeamentos naturais, e elucidam-se inumeráveis patologias psíquicas e físicas, distúrbios de comportamento, diferenças emocionais, intelectuais e variados acontecimentos, nas áreas sociológica, econômica, antropológica, ética etc.

O processamento da aquisição intelectual faz-se ao longo das experiências de aprendizagem, mediante as quais o Eu consciente adiciona conteúdos culturais, ao mesmo tempo em que desenvolve as aptidões jacentes, para as diversas categorias da técnica, da arte, da ética, num incessante aprimoramento de valores.

A anterioridade do Espírito ao corpo brinda-lhe maior soma de conhecimentos do que os apresentados pelos principiantes no desiderato físico.

A genialidade de que uns indivíduos são portadores, em detrimento dos limites que se fazem presentes em outros seres do mesmo gene, demonstra que os psiquismos aí expressos diferem em capacidade e lucidez.

Embora herdeiro dos caracteres da raça – aparência, morfologia, cabelos, olhos etc. –, os valores psicológicos, intelecto-morais não são transmissíveis pelos genes e cromossomos, antes, são atributos da individualidade eterna, que transfere de uma para outra existência corporal o somatório das suas conquistas salutares ou perturbadoras.

Não há como negar-se a influência genética na evolução do ser, os impositivos do meio, dos costumes e dos hábitos, entretanto, impende observar que o corpo reproduz o corpo, não a mente, a consciência, que só o Espírito exterioriza.

A introdução do conceito reencarnacionista na Psicologia dá-lhe dimensão invulgar, esclarecimento das dificuldades na argumentação em torno do inconsciente, individual e coletivo, e dos arquétipos, estudando o homem em toda a sua complexidade profunda e, mediante a identificação do seu passado, facultando-lhe o descobrimento e utilização das suas possibilidades, do seu vir a ser.

Nos alicerces do Inconsciente profundo encontram-se os extratos das memórias pretéritas, *ditando* comportamentos atuais, que somente uma análise regressiva consegue detectar, eliminando os conteúdos perturbadores, que respondem por várias alienações mentais.

No capítulo dos impulsos e compulsões psicológicas, o passado espiritual exerce uma predominância irrefreável, que leva aos grandes rasgos do devotamento e da abnegação, quanto à delinquência, à agressividade, à multiplicidade de personificações parasitárias, mesmo excluindo-se a hipótese das obsessões.

Na imensa panorâmica dos distúrbios mentais, especialmente nas esquizofrenias, destacam-se as interferências constritoras dos desencarnados que se estribam nas *leis da cobrança pessoal,* certamente injustificáveis, para desforçar-se dos sofrimentos que lhes foram anteriormente infligidos, em outras existências, pelas suas vítimas atuais.

Diante das ocorrências do *déjà-vu,* os remanescentes reencarnacionistas estabelecem parâmetros sutis de lembranças que retornam à consciência atual como lampejos e clichês de evocações, ressumando dos conteúdos da inconsciência – ou da memória extracerebral, do perispírito – oferecendo possibilidades de identificação de pessoas, acontecimentos, lugares e narrativas já vividos, já conhecidos, antes experimentados... Desfilam, então, os fenômenos psicológicos das *simpatias* e das *antipatias,* dos amores alucinantes e dos ódios devoradores, que ressurgem dos arquivos da memória anterior ante o estímulo externo de qualquer natureza, que os desencadeiam, tais: um encontro ou reencontro; uma associação de ideias – a atual revelando a passada; uma dissensão ou um diálogo; qualquer elemento que constitua ponte de ligação entre o hoje e o ontem.

Excetuando-se os conflitos que têm sua psicogênese na vida atual, a expressiva maioria deles procede das jornadas infelizes do ser eterno, herdeiro de si mesmo, que transfere as fobias, insatisfações, consciência de culpa, complexos, dramas pessoais, de uma para outra reencarnação, através de automatismos psicológicos, responsáveis pelo equilíbrio das Leis que governam a Vida.

Diante de tais acontecimentos, considerando-se os fenômenos místicos, as ocorrências paranormais, os êxtases naturais e os provocados, aos quais a Psicologia Organicista dava gêneses patológicas, nasceu, mais ou menos recentemente, a denominada *quarta força* em Psicologia – sucedendo (ou completando) o Behaviorismo, a Psicanálise e a Psicologia Humanista – que é a Escola Transpessoal. Entretanto, já no começo do século, Bucke, desejando enquadrar em uma só denominação estes e outros eventos psicológicos, cunhou o conceito de *consciência cósmica*, a fim de os situar em um só capítulo, tornando-se, de alguma forma, pioneiro na área da Psicologia Transpessoal, que abrange, entre outras, as percepções extrassensoriais, além da área da consciência.

Nesta conceituação, a morte é fenômeno biológico a transferir o ser de uma para outra realidade, sem consumpção da vida.

O ser humano, diante da visão nova e *transpessoal*, deixa de ser a massa, apenas celular, para tornar-se um complexo com predominância do princípio eterno. A decisiva contribuição dos seus pioneiros, entre os quais, Maslow, Assagioli – com a sua Psicossíntese –, Sutich, Wilber, Grof e outros, oferece excelentes recursos para a psicoterapia, liberando a maioria dos pacientes dos seus conflitos e problemas que desestruturam a personalidade.

Neste admirável amálgama da integração dos mais importantes *Insights* das Doutrinas psicológicas do Ocidente com as Tradições Esotéricas do Oriente, agiganta-se o Espiritismo, pioneiro de uma Psicologia Espiritualista

O Homem Integral

dedicada ao conhecimento do homem integral, na sua valiosa complexidade – Espírito, perispírito e matéria – ampliando os horizontes da vida orgânica, a se desdobrarem além do túmulo e antes do corpo, com infinitas possibilidades de progresso, no rumo da perfeição.

Anotações

Anotações

Anotações

A prece faculta uma imediata mudança de comportamento, em razão das energias que a constituem, acalmando interiormente e predispondo à luta de autocrescimento. Quando alguém resolve pedir, liberta-se dos grilhões do orgulho e abre-se, receptivo ao auxílio, tornando-se maleável à renovação, à conquista de outros valores de que necessita.

Não tendo a Psicologia um imediato compromisso com a Metafísica, percebe-se que esse fenômeno é eminentemente emocional, estruturado em novos sentimentos de aceitação dos limites e aspiração de infinito.

Jesus o sabia, e estimulava todos os homens a se esforçarem para conseguir o *Reino dos Céus dentro de si mesmos...*

Reflexionando com serenidade, sempre encontramos o Homem de Nazaré despido de qualquer tipo de superdivindade transcendente ou de qualquer endeusamento. Toda a evolução cristológica na atualidade da Psicologia Profunda e na visão espírita apresenta Jesus em contínuo crescimento para Deus, convidando os seres humanos para seguirem pelo mesmo rumo *através d'Ele* como Mentor que é, indiscutivelmente.

Ele próprio buscava a oração como recurso eficaz para estar vinculado ao *Pai*, mantendo o intercâmbio pela inspiração e coragem de que sempre esteve revestido durante o ministério a que Se entregou, inclusive doando a própria vida.

Desse modo, ensinou que a oração tudo pode, pelo que realiza no interior do ser, alterando a sua capacidade de entender a vida e os acontecimentos diários.

Orando, o ser desperta e reflexiona, assiste-se emocionalmente e compreende a necessidade de ajudar o seu próximo, aquele que está mais perto, todo e qualquer indivíduo que se lhe acerque, particularmente quantos lhe trução por todo aquele que deseje realmente a vitória sobre os sofrimentos e anelem pelo bem-estar pleno.

A oração é emanação do pensamento bem-direcionado e rico de conteúdos vibratórios que se expande até sincronizar com as ondas equivalentes, assim estabelecendo o intercâmbio entre a criatura e o Criador.

Não apenas dilui as energias deletérias como renova as forças morais do ser, saturando-o com vibrações superiores e de qualidade poderosa, que alteram as paisagens mentais, emocionais e orgânicas, por sutis processos de modificação do campo em que o mesmo se encontra.

Certamente não modifica as Leis estabelecidas; no entanto, contribui com vigor e inspiração para que sejam entendidas e aceitas em clima de superior alegria e coragem.

Também proporciona o descortino da realidade existencial e dos seus elevados significados psicológicos, que têm caráter educativo, preparando cada criatura para a perfeita identificação com o Si mediante a superação do *ego*.

Todo e qualquer pedido feito através da prece é conseguido, porque o ato de orar já constitui uma expressão de humildade perante a Vida e um despertar da consciência para a compreensão dos objetivos a que se deve entregar. É certo que se não refere o Apóstolo à doação gratuita por parte da Divindade de tudo aquilo que a insensatez busque, em astuciosa conduta de ludibriar os Códigos Soberanos.

Sendo o ser humano responsável pelos seus atos, enfrenta-os sempre como efeitos que o esperam pelo caminho por onde segue. Sustentando-se na oração, melhor direcionamento encontra para os passos, mais segurança adquire para vencer os obstáculos, mais resistência consegue para superar-se, equipando-se de alegria e de vigor para não desanimar.

constituem a consanguinidade. Jesus, em razão da complexidade da Sua natureza emocional, facilmente encontrava o *Pai* através da oração e n'Ele hauria forças para os enfrentamentos com a *sombra coletiva* que pairava soberana entre os seus contemporâneos.

É comum encontrar-se aqueles que se recusam à oração, constituindo o grupo psicológico do *não*, escondendo a debilidade emocional em tênue véu de resistência sob o subterfúgio de que a prece não altera o que se encontra estabelecido, que deve ser suportado, resgatado. Nesse fatalismo, a fraqueza de quem assim se justifica é evidente, porque interiormente fica triste pela falta de decisão de reconhecer-se necessitado e tornar-se simples e humilde, qual o *filho pródigo* de retorno, que embora sabendo não possuir qualquer merecimento, requereu ao carinho paterno a ajuda indispensável para recomeçar. E naturalmente conseguiu o socorro de que necessitava, sendo recebido com bondade e júbilo, porque há sempre mais alegria *quando se encontra uma ovelha perdida*, e além disso, *são os enfermos que necessitam de médicos*.

O orgulho, filho dileto do egoísmo, é síndrome de fraqueza moral, que necessita ser combatido com a renovação emocional e o autodescobrimento, mediante os quais o enriquecimento de valores se dá naturalmente e se consegue a força para vencer o patamar inferior em que se estagia.

A oração, desse modo, constitui um revigorante mecanismo de equilíbrio psicológico e moral, facultando visão correta dos significados existenciais e das oportunidades que a reencarnação faculta a quem anela pela felicidade despida de atavios enganosos e embriagadores.

Por seu intermédio, a inspiração abre as comportas do superconsciente e enseja entendimento de tudo quanto estava mergulhado em trevas, tornando-se instrumento de dor e de desequilíbrio. Torna-se necessário por esse intermédio encontrar o *numinoso* que se exteriorizava de Jesus e que mimetizava todos quantos se Lhe acercassem com sinceridade e anseio de paz.

A prece faculta esse recurso, exigindo, porém, a entrega, porquanto muitos homens e mulheres foram tocados por aquele *numinoso* que d'Ele se irradiava, mas se negaram a segui-lO porque a *sombra* não lhes permitiu a claridade interior, aquela que erradica todo o mal e proporciona a liberdade real.

Quando o desespero de qualquer forma circunde a casa mental e o departamento emocional da criatura, cabe-lhe, na dificuldade de discernimento ou de dor em que se encontre, abrir-se à prece e pedir amparo a Deus, tocando-se de luz, porquanto tudo *obterá e concedido lhe será o que pedir*.

Anotações

Este livro foi impresso na
LIS GRÁFICA E EDITORA LTDA.
Rua Felício Antônio Alves, 370 – Bonsucesso
CEP 07175-450 – Guarulhos – SP
Fone: (11) 3382-0777 – Fax: (11) 3382-0778
lisgrafica@lisgrafica.com.br – www.lisgrafica.com.br